AF551070

Wan Li

DIE 10 GESETZE DER SHAOLIN

Alle Ratschläge in diesem Buch wurden vom Autor und vom Verlag sorgfältig erwogen und geprüft. Eine Garantie kann dennoch nicht übernommen werden. Eine Haftung des Autors beziehungsweise des Verlags für jegliche Personen-, Sach- und Vermögensschäden ist daher ausgeschlossen.

Copyright © 2023
Email: info@edition-jt.de
www.edition-jt.de

Alle Rechte, insbesondere das Recht der Vervielfältigung und Verbreitung der Übersetzung, vorbehalten. Kein Teil des Werkes darf in irgendeiner Form (durch Fotokopie, Mikrofilm oder ein anderes Verfahren) ohne schriftliche Genehmigung des Verlages reproduziert oder unter Verwendung elektronischer Systeme gespeichert, verarbeitet, vervielfältigt oder verbreitet werden.

JT Handels UG
Berumer Str. 44
26844 Jemgum

INHALT

Die Geheimnisse des Shaolin

Betreten Sie die faszinierende Welt der Shaolin, eine Welt, die sich über die Grenzen von Zeit und Raum erstreckt und jahrtausendealte Weisheiten birgt. In diesem Buch erkunden Sie den Pfad der Shaolin, einen Weg, der die Kraft des Körpers, die Schärfe des Geistes und die Tiefe der Seele miteinander verbindet.

Beginnen Sie Ihre Reise mit einem Blick auf die althergebrachten Künste der Shaolin. Hier lernen Sie die Anmut des Shaolin Kung Fu kennen, das dynamische Fließen von Tai Chi Chuan und die tiefe innere Arbeit von Qi Gong. Es ist ein Pfad, der sowohl in den hitzigen Schlachten des Lebens als auch in den stillen Momenten der Meditation Bestand hat. Denn in der Welt der Shaolin sind Körper, Geist und Seele eins. In der geheimnisvollen Atmosphäre der Shaolin-Tempel erkunden Sie das tägliche Leben der Mönche. Diese strengen Disziplinare leben nach den zehn Gesetzen der Shaolin, die Disziplin, Respekt und die ständige Weiterentwicklung der eigenen Fähigkeiten betonen. Es sind Prinzipien, die auch in Ihrem eigenen Leben Anwendung finden können, um Disziplin zu stärken, innere Ruhe zu finden und persönliches Wachstum zu fördern.

Sie lernen, wie man Herausforderungen im Leben als Möglichkeiten zur Entwicklung der Persönlichkeit sieht und wie man durch körperliche Übungen Achtsamkeit und innere Stärke kultiviert.
Sie werden entdecken, wie die natürliche Welt Ihre Übungen unterstützen kann und wie Sie durch das Praktizieren von gutem Handeln und Fairness spirituelles Wachstum erzielen können. Es wird Ihnen auch gezeigt, wie Sie Ihren Geist durch die mächtigen Prinzipien der Shaolin stärken können. Durch die Pflege von Tugenden wie Mut, Weisheit, Respekt, Vertrauen und Loyalität können Sie Ihre zwischenmenschlichen Beziehungen verbessern und Ihr Leben in Einklang mit den universellen Gesetzen bringen.

Schließlich, als Höhepunkt Ihrer Reise, nehmen Sie an der 30-Tage-Shaolin-Challenge teil. Hier werden Sie herausgefordert, Ihre neu erworbenen Kenntnisse und Fähigkeiten anzuwenden und das Shaolin-Krieger-Mindset in Ihr Leben zu integrieren. Durch diese intensive Übung können Sie die Weisheiten und Praktiken der Shaolin in Ihr tägliches Leben einfließen lassen und so eine tiefgreifende Transformation erleben. Entfesseln Sie auf dieser Reise im Rahmen der Challenge Ihre Kräfte und finden Sie zu mehr innerer Harmonie. Führen Sie sich dabei zu Ihrem wahren Selbst und lerne Sie wie Sie die Prinzipien auf Ihr eigenes Leben anwenden können. Stärken Sie Körper und Geist und fordern Sie sich durch die Teilnahme an der Shaolin-Challenge heraus, Ihre eigenen Grenzen zu erweitern.

Machen Sie sich also bereit, die Welt der Shaolin zu betreten, einen Ort, an dem Körper, Geist und Seele eins werden. Es ist eine Reise, die Ihre Kraft herausfordern, Ihre Weisheit schärfen und Ihr Herz öffnen wird. Sind Sie bereit, den Weg des Shaolin-Kriegers zu betreten?

Hinweis: In diesem Buch finden Sie einen QR-Code, der Sie zu Audiodateien führt. Falls Sie keine Möglichkeit haben, den QR-Code zu scannen, können Sie die Datei auch über diesen Link finden:
https://bit.ly/47biR1h

Faszination Shaolin

VON ALTHERGEBRACHTEN KÜNSTEN, LEBEN DER TEMPELMÖNCHE & MEHR

Wenn Sie das Wort "Shaolin" hören, denken Sie vermutlich an spektakuläre Kampfszenen, die das Produkt von unzähligen Kung Fu Filmen sind. Diese Darstellungen zeigen oft Shaolin-Mönche als übermenschliche Krieger. Aber ist das wirklich alles, was Shaolin zu bieten hat? In diesem Kapitel lernen Sie, dass Shaolin viel mehr ist als "nur" Kung Fu.

Shaolin, ein Kloster in den westlichen Ausläufern des Songshan-Gebirges in der Provinz Henan, gilt als Geburtsort des Shaolin Kung Fu. Seine Geschichte geht auf das Jahr 496 n. Chr. zurück, als es vom Kaiser Xiaowendi für einen indischen Mönch errichtet wurde. Das Kloster liegt in der Nähe des Songshan, einem der fünf heiligen Berge Chinas, und war einst das Zentrum einer großen Klosteranlage.

Doch das wahre Leben im Shaolin-Tempel unterscheidet sich stark von den Darstellungen in Kung Fu Filmen. In seiner Blütezeit beherbergte das Kloster über 2000 Mönche und Nonnen, die unterschiedlichste Aufgaben wahrnahmen. Von der geistigen Arbeit wie dem Studium buddhistischer Schriften und philosophischer Reflexionen, bis hin zur praktischen Versorgung des Tempellebens - der Alltag der Shaolin-Mönche war und ist vielfältig. Hierzu nachfolgend mehr.

ALTHERGEBRACHTE WEISHEIT: DER SHAOLIN ORDEN

Das Shaolin Kloster, bekannt als Geburtsort des Shaolin Kung Fu, birgt eine viel tiefere, umfangreichere Geschichte. Ja, es ist berühmt für seine Kämpfermönche und ihre beeindruckenden Fähigkeiten. Aber in seinem Kern ist Shaolin eine Bastion des Buddhismus, ein Ort, an dem geistige Praxis und Philosophie seit über tausend Jahren gedeihen.

Exkurs: Buddhismus

Der Buddhismus ist eine weltweit verbreitete Religion und Philosophie, die ursprünglich aus Indien stammt. Ihr Gründer ist Siddhartha Gautama, der als Buddha oder "der Erwachte" bekannt ist. Buddha lebte im 5. oder 6. Jahrhundert v. Chr. in Nordindien und seine Lehren und Praktiken bilden das Fundament des Buddhismus.

Die Grundlage des Buddhismus sind die "Vier Edlen Wahrheiten". Diese lauten:

- **Die Wahrheit vom Leiden (Dukkha)**

Alles Leben ist von Natur aus leidvoll. Dies beinhaltet physische und emotionale Schmerzen, Trennung von dem, was wir lieben, und der Wunsch, das zu vermeiden, was wir nicht mögen.

- **Die Wahrheit von der Entstehung des Leidens (Samudaya)**

Leiden entsteht aus Begehren oder Anhaftung. Es ist die Gier, der Hass und die Unwissenheit, die uns in einem Zustand des Leidens halten.

- **Die Wahrheit von der Aufhebung des Leidens (Nirodha)**

Das Aufhören des Leidens ist möglich, und dieser Zustand wird Nirvana genannt. Nirvana ist ein Zustand völliger Befreiung und endgültigen Friedens.

- **Die Wahrheit vom Pfad, der zur Aufhebung des Leidens führt (Magga)**

Es gibt einen Weg zur Überwindung des Leidens, und dieser ist als der "Edle Achtfache Pfad" bekannt.

Der "Edle Achtfache Pfad" beinhaltet korrekte Einsicht, korrekte Absicht, korrekte Äußerungen, korrektes Verhalten, korrekte Lebensführung, korrekten Einsatz, korrekte Wachsamkeit und korrektes Konzentrieren (Meditation).

Es gibt mehrere Schulen oder Traditionen innerhalb des Buddhismus, darunter Theravada, Mahayana und Vajrayana, die alle verschiedene Schwerpunkte und Praktiken aufweisen.
Im Herzen des Buddhismus steht die Praxis der Meditation und Achtsamkeit, die zur Entwicklung von Weisheit und Mitgefühl führt. Die buddhistischen Lehren betonen auch die Wichtigkeit von Ethik und moralischem Verhalten.

Während es im Buddhismus viele verschiedene Praktiken und Lehrpfade gibt, sind die grundlegenden Ziele gleichbleibend: die Befreiung von Leid, die Erreichung von Erleuchtung und das Wohlergehen aller Wesen.

Es war eine andere Zeit, das 6. Jahrhundert nach Christus. Indische Mönche pilgerten nach China, um die Lehren des Buddhismus zu verbreiten und ihr Wissen zu teilen. Sie brachten die indischen Schriften mit sich und lebten in den verschiedenen Klöstern. Einer von ihnen war Bodhiruchi, ein gelehrter Mönch, der die ehrenvolle Aufgabe hatte, die indischen Schriften ins Chinesische zu übersetzen. Diese Schriften würden die Grundlage für das Verständnis und die Praxis des Buddhismus in China bilden.

Einige Jahre später traf Bodhidharma im Shaolin-Tempel ein. Seine Ankunft markiert einen Wendepunkt in der Geschichte des Klosters. Er ist bekannt für eine Legende, die von seinen neunjährigen Meditationen erzählt. Es wird gesagt, dass er neun Jahre lang gegen eine Wand gestarrt und meditiert hat. Diese tiefe spirituelle Praxis legte den Grundstein für die Etablierung des Chan-Buddhismus, der später in Japan als Zen bekannt wurde.

Die Geschichte des Shaolin-Tempels beginnt jedoch noch früher, im Jahre 496 n. Chr. Es war der Kaiser Xiaowendi der nördlichen Wei-Dynastie, der den Tempel für einen indischen Mönch errichten ließ. Dieser Ort, eingebettet in die westlichen Ausläufer des Songshan-Gebirges in der Provinz Henan, wurde sorgfältig ausgewählt. Der

Songshan gehört zu den heiligen Bergen Chinas und hat eine tiefe spirituelle Bedeutung. Damals siedelten sich rund um den Berg zahlreiche Klöster an. Es war ein pulsierendes Zentrum der spirituellen Suche und des Lernens.

Exkurs: Die chinesischen Dynastien

Die Geschichte Chinas ist geprägt von den aufeinanderfolgenden Dynastien, die das Reich der Mitte regierten. Diese mächtigen Familien, deren Herrschaftszeit oft Jahrhunderte umspannte, hinterließen eine tiefgreifende kulturelle und soziale Prägung.

- **Xia-Dynastie (ca. 2070–1600 v. Chr.)**

Als erste Dynastie in China gilt ihre Existenz und Geschichte in der Archäologie noch immer als umstritten, geprägt eher durch Überlieferungen und Legenden.

- **Shang-Dynastie (ca. 1600–1046 v. Chr.)**

Sie markiert den Beginn der historisch nachweisbaren chinesischen Zivilisation und ist vor allem bekannt für ihre Bronzearbeiten und die frühe Form der chinesischen Schrift, die auf Orakelknochen gefunden wurde.

- **Zhou-Dynastie (1046–256 v. Chr.)**

In dieser Epoche des klassischen Altertums Chinas kamen die philosophischen Strömungen Konfuzianismus, Daoismus und Legalismus auf. Bekannt ist sie für ihre Einteilung in Westliche und Östliche Zhou.

- **Qin-Dynastie (221–206 v. Chr.)**

Obwohl sie nur von kurzer Dauer war, spielte sie eine entscheidende Rolle. Unter Kaiser Qin Shi Huangdi (259 v. Chr. - 210 v. Chr.) wurde China erstmals zu einem zentralisierten Staat vereint. Sie ist auch für den Beginn der Errichtung der Großen Mauer und die Terrakotta-Armee bekannt.

- **Han-Dynastie (206 v. Chr.–220 n. Chr.)**

Diese Ära wird oft als goldenes Zeitalter der chinesischen Geschichte betrachtet. Der Konfuzianismus wurde als Staatsphilosophie gefördert und es gab eine kulturelle und wissenschaftliche Blüte.

- **Jin-Dynastie (266–420 n. Chr.)**

Nach einer Periode der Trennung und des Konflikts, bekannt als die Zeit der Drei Reiche, übernahm sie die Macht, gefolgt von den Nord- und Süd-Dynastien.

- **Tang-Dynastie (618–907 n. Chr.)**

Sie ist eine weitere Ära großer kultureller und wissenschaftlicher Errungenschaften. Die Dichtung florierte und der Buddhismus wurde während dieser Zeit weit verbreitet.

- **Song-Dynastie (960–1279 n. Chr.)**

Sie ist bekannt für ihre Fortschritte in Wissenschaft und Technologie, darunter die Erfindung des Kompasses und des Schießpulvers.

- **Yuan-Dynastie (1271–1368 n. Chr.)**

Unter ihrer Herrschaft wurde China von den Mongolen unter der Führung von Kublai Khan (1215 n. Chr. - 1294 n. Chr.) beherrscht. Sie öffnete China für ausländische Einflüsse und förderte den Handel entlang der Seidenstraße.

- **Ming-Dynastie (1368–1644 n. Chr.)**
Sie markiert eine Periode der Stabilität und des Wohlstands. Unter ihrer Regierung wurde die Große Mauer fertiggestellt.

- **Qing-Dynastie (1644–1912 n. Chr.)**
Als letzte chinesische Dynastie sah sie die Expansion Chinas zu seiner größten geographischen Größe, aber auch interne Konflikte und den Druck der westlichen Mächte, die schließlich zum Sturz der Monarchie führten.

Jede dieser Dynastien hat auf einzigartige Weise China geformt und zur reichen und vielfältigen Kultur beigetragen, die wir heute kennen.

Der Shaolin-Tempel entwickelte sich schnell zu einer wichtigen Institution. Es war mehr als nur ein Ort der Anbetung - es war eine Gemeinschaft, eine Schule und ein Ort der Begegnung für Gelehrte, Mönche und Pilger. Tauchen Sie nun tiefer ein in die Weisheit des Shaolin-Ordens.

DAS BILD DES SHAOLIN KRIEGERS

Lassen Sie sich nicht von den vereinfachenden Darstellungen in Kung Fu Filmen in die Irre führen. Das Leben eines Shaolin-Kriegers, das Leben im Shaolin-Tempel, es ist viel komplexer, viel reicher und vielschichtiger als bloßes, endloses Kampftraining. In den goldenen Zeiten dieses ehrwürdigen Tempels, in seiner geschichtsträchtigen Blüte, diente er als Heimat und spirituelles Zentrum für mehr als 2000 Mönche und Nonnen. Jeder von ihnen hatte eine Rolle zu spielen, eine

Aufgabe zu erfüllen, und diese waren genauso vielfältig wie die Mönche und Nonnen selbst.

Während der Periode der Tang-Dynastie, speziell unter der Regentschaft von Kaiser Taizong (626-649 n. Chr.), durchlebte der Shaolin-Tempel eine besondere Phase seiner Geschichte. Der Kaiser verlieh dem Tempel das einzigartige und prestigeträchtige Privileg, eine sorgfältig ausgewählte Gruppe von Mönchen in den Kampfkünsten zu schulen. Dieses Vorrecht sollte sich als segensreich erweisen, als der Kaiser in eine gefährliche Situation geriet. Einige der ausgebildeten Kampfmönche eilten zu seiner Rettung und verhinderten eine mögliche Katastrophe.

Exkurs: 13 Krieger eilen zur Rettung des Kaisers

Der bemerkenswerteste Vorfall, bei dem die Shaolin-Kämpfer dem Kaiser zu Hilfe kamen, ereignete sich während der Tang-Dynastie unter Kaiser Taizong (626-649 n. Chr.). Es war eine Zeit des politischen Umbruchs und der kaiserliche Hof war nicht frei von Intrigen und Bedrohungen. Die Geschichte erzählt von einem Aufstand des Wang Shichong, eines mächtigen Kriegsherren, der das junge Tang-Reich herausforderte. Wang war ein skrupelloser Führer, der selbst nicht davor zurückschreckte, den Kaiser seines eigenen Reiches, den Kaiser von Zheng, zu töten, um seinen Einflussbereich zu erweitern. Sein zunehmendes Machtstreben stellte eine ernsthafte Bedrohung für Kaiser Taizong und die Stabilität des Tang-Reiches dar. Mit der Absicht, Wang Shichong zu entthronen und die Macht des Tang-Reiches zu sichern, mobilisierte Kaiser Taizong seine Truppen und zog in die Schlacht. Doch die Kämpfe gestalteten sich schwierig, die Fronten waren verhärtet und der Ausgang des Konflikts war ungewiss. In dieser kritischen Phase griffen 13 Mönche aus dem Shaolin-Tempel, geführt von ihrem Ältesten Tanzong, in den Konflikt ein. Sie waren nicht nur einfache Mönche, sondern hochausgebildete Krieger, die durch ihre intensiven Studien und Praktiken sowohl geistige als auch körperliche Meisterschaft erlangt hatten. Ihre Fähigkeiten waren so außergewöhnlich, dass sie als "Krieger-Mönche" bekannt wurden, ein Titel, der ihre tiefe spirituelle Hingabe und ihre herausragende Kampfkunst widerspiegelte.

Die 13 Krieger-Mönche kamen zur Unterstützung von Kaiser Taizong und konnten einen entscheidenden Beitrag zur Niederlage von Wang Shichongs Truppen leisten. Ihre Tapferkeit und ihr Können im Kampf ermöglichten es den Truppen des Kaisers, eine Lücke in der feindlichen Linie zu erzeugen und den Kriegsherren Wang Shichong zu besiegen. Diese Ereignisse verstärkten den Ruhm der Shaolin-Mönche und verankerten ihre Rolle als Krieger innerhalb der chinesischen Gesellschaft. Aber genauso wichtig war ihr Beitrag zur Stabilität des Reiches, zum Schutz des Kaisers und zur Bewahrung des Friedens und der Harmonie in einer Zeit, die von politischen Unruhen und militärischen Konflikten geprägt war. Ihr Beispiel dient als Beweis für die vielfältigen Rollen und Verantwortungen, die die Mönche in der Geschichte des Shaolin-Tempels übernommen haben.

Bewegt von ihrer Tapferkeit und ihrem Einsatz, bot der Kaiser den Mönchen als Dank für ihre Hilfe öffentliche Ämter an. Es war eine hohe Ehre, doch die Mönche lehnten ab. Sie waren fest entschlossen, ihr Wissen und ihre Fähigkeiten nicht in den Dienst der Regierung, sondern in die Ausbildung weiterer Mönche zu investieren und den Tempel, ihr spirituelles Zuhause, zu schützen. Diese selbstlose Entscheidung imponierte dem Kaiser so sehr, dass er die Ausbildung von weiteren 500 Mönchen zu Kriegern erlaubte. So wurde eine Eliteeinheit von Kämpfern geschaffen, die dem Kaiser zur Verfügung standen.

Die Kunst des Kämpfens, die Kampfkunst, wurde fortan zu einem integralen Bestandteil des Shaolin-Lehrplans. Sie wurde sowohl als Mittel zur Selbstverteidigung als auch zum Schutz anderer gelehrt und verinnerlicht. Doch nicht alle Mönche und Nonnen waren Kämpfer. Viele von ihnen widmeten sich anderen, ebenso wichtigen Aufgaben, sei es dem Studium heiliger Schriften, der Ausbildung jüngerer Mönche, der Aufrechterhaltung des täglichen Lebens im Tempel durch die

Bereitstellung von Nahrung, Medizin und Kleidung, oder der kontemplativen Beschäftigung mit alten und neuen philosophischen Gedanken. Jeder trug auf seine Weise zum Gesamtbild des Tempellebens bei.

Die Tugenden des Shaolin Kämpfers als nützliche Eigenschaften im heutigen Leben

Die Prinzipien und Tugenden der Shaolin-Mönche und -Krieger, ihre Weisheit und Disziplin, sind auch im heutigen Leben anwendbar. Dabei geht es nicht nur um physische Fähigkeiten, sondern vor allem um geistige Stärke und Widerstandsfähigkeit. Die Entschlossenheit und Zielstrebigkeit der Shaolin-Mönche kann Sie dazu inspirieren, sich intensiv auf Ihre Ziele zu konzentrieren und diese mit Ausdauer und Geduld zu verfolgen. Sei es im Berufsleben, in der persönlichen Entwicklung oder in Beziehungen - Disziplin und Fokus sind Schlüsseleigenschaften, um Erfolg zu erzielen.

Darüber hinaus kann das Studium und die Praxis der Achtsamkeit, wie es von den Mönchen praktiziert wird, helfen, Stress zu bewältigen und einen ausgeglichenen Geist zu bewahren. Achtsamkeit kann die Fähigkeit zur Konzentration verbessern, die Klarheit des Denkens fördern und helfen, in schwierigen Situationen einen kühlen Kopf zu bewahren.

Definition: Achtsamkeit

Achtsamkeit ist eine tiefgehende Praxis der bewussten Wahrnehmung und des gegenwärtigen Seins. Es ist ein Zustand des vollständigen Eintauchens in das Hier und Jetzt, in dem wir uns von den Ablenkungen der Vergangenheit und der Zukunft lösen und uns völlig auf den gegenwärtigen Moment konzentrieren. Achtsamkeit ist, als ob man mit den Augen eines Neugeborenen sieht - jede Erfahrung ist frisch, ungetrübt von vorgefassten Meinungen oder Urteilen. Es ist ein Zustand des klaren, nicht-wertenden Bewusstseins, in dem wir Dinge so sehen, wie sie wirklich sind, und nicht wie wir sie uns wünschen oder fürchten. In der Shaolin-Praxis ist Achtsamkeit eine zentrale Komponente der Meditation, des Körpertrainings und der alltäglichen Aktivitäten. Es geht darum, jeden Moment - ob im Kampf, in der Bewegung, beim Essen oder beim Ausruhen - vollständig und bewusst zu erleben. Achtsamkeit ist auch eng mit Mitgefühl und der Sorge um andere verbunden. Durch Achtsamkeit erkennen wir die tiefgreifende Verbindung, die wir mit allen anderen Wesen teilen, und entwickeln eine Haltung der Freundlichkeit und des Respekts gegenüber anderen. Im Kern ist Achtsamkeit ein Weg, um mit unserer wahren Natur in Kontakt zu kommen, unsere Gedanken und Emotionen klarer zu sehen und ein tieferes Verständnis von uns selbst und der Welt um uns herum zu erlangen. Es ist ein Weg zur inneren Ruhe, zur Harmonie und zum Verständnis - den Schlüsselkomponenten des Shaolin-Pfades zur Erleuchtung.

Auch die Praxis der Geduld, ein zentraler Aspekt des Shaolin-Lehrplans, kann in einem hektischen und schnelllebigen modernen Leben von unschätzbarem Wert sein. Geduld kann dazu beitragen, Frustration zu reduzieren, Konflikte zu vermeiden und den gegenwärtigen Moment tiefer wertzuschätzen. Die Tugenden der Shaolin-Krieger bieten also eine wertvolle Quelle für die Entwicklung persönlicher Stärken und Fähigkeiten, die nicht nur das eigene Leben bereichern, sondern auch positive Auswirkungen auf die Umgebung haben können.

DIE KÜNSTE DER SHAOLIN

Die Künste der Shaolin sind ein breit gefächertes Spektrum von Übungen und Praktiken, die auf einer jahrhundertealten Tradition beruhen. Sie können auf vielfältige Weise das physische und spirituelle Wohlbefinden verbessern und gleichzeitig tiefe Einblicke in die buddhistische Philosophie und die chinesische Kultur bieten. Shaolin Qi Gong, Shaolin Kung Fu und Tai Chi Chuan bilden das Rückgrat dieser Praktiken und werden nachfolgend genauer erläutert. Im Einzelnen erfahren Sie dazu im weiteren Verlauf mehr.

Ziele des Shaolin-Trainings

Die Ziele des Shaolin-Trainings können in drei Hauptkategorien unterteilt werden:

Körperliche Ziele:

- Steigerung der körperlichen Fitness
- Verbesserung der Selbstverteidigungsfähigkeiten
- Erhöhung der Flexibilität, Stärke, Ausdauer und Koordination
- Intensives Training zur Stärkung des Herz-Kreislauf-Systems
- Aufbau und Straffung der Muskulatur
- Verbesserung von Gleichgewicht und Beweglichkeit zur Minimierung des Verletzungsrisikos und zur Erhöhung der allgemeinen Körperbeherrschung

Geistige Ziele:

- Förderung von Disziplin, Fokus und Konzentration

- Einbeziehung von Meditation zur Förderung eines klaren Kopfes
- Stressabbau und Verbesserung des allgemeinen Wohlbefindens

Spirituelle Ziele:

- Tiefergehende spirituelle Entwicklung
- Lernen und Verstehen der buddhistischen Philosophie
- Integration der Philosophie in das tägliche Leben

Was passiert im Training?

In einer typischen Trainingseinheit werden Sie eine Mischung aus körperlichen Übungen, Kampftechniken und Meditation durchlaufen. Sie beginnen mit einem Aufwärmen, das meist aus leichtem Laufen, Dehnübungen und grundlegenden Körperübungen besteht. Danach folgen die spezifischen Trainingsinhalte, die je nach Fokus variieren können. Wenn Sie beispielsweise Shaolin Kung Fu trainieren, konzentrieren Sie sich auf verschiedene Schlag-, Tritt- und Blocktechniken sowie Formen, die eine Reihe von Bewegungen in einer bestimmten Reihenfolge darstellen. Sie lernen auch, wie Sie diese Techniken in praktischen Anwendungen oder beim Sparring anwenden können.

Bei Shaolin Qi Gong und Tai Chi Chuan liegt der Schwerpunkt eher auf langsamen, fließenden Bewegungen, die die Energie, das sogenannte Qi, im Körper leiten sollen. Diese Übungen können eine beruhigende und zentrierende Wirkung haben und gleichzeitig die Flexibilität und das Körperbewusstsein verbessern. Das Training endet in der Regel mit einer abschließenden Meditation, um die Wogen des Geistes zu glätten und die Energie zu zentrieren. In dieser Zeit können Sie über die erlernten Prinzipien nachdenken und sie in Ihren Alltag integrieren.

Shaolin Qi Gong

Shaolin Qi Gong umfasst meditative Übungen, die den Qi-Fluss im Körper unterstützen. Sie fördern die Wahrnehmung und Kontrolle von Qi durch kontrollierte Atmung und gezielte Bewegungen. Diese Übungen zielen darauf ab, tiefe Entspannung und inneren Frieden zu erreichen, indem die Aufmerksamkeit auf den eigenen Körper und Atem gelenkt wird. Dadurch entsteht ein Zustand von Präsenz und Achtsamkeit, der Stress und Angstzustände reduziert und Gelassenheit fördert.

Shaolin Qi Gong ist ein wichtiger Zweig der Shaolin-Künste und hat seine Wurzeln in jahrhundertealten Traditionen. Ursprünglich zur Förderung der körperlichen Gesundheit entwickelt, fördert Qi Gong auch die Harmonie von Körper, Geist und Seele und hat Einfluss auf die persönliche Entwicklung und spirituelle Erleuchtung.

Die Praxis des Shaolin Qi Gong dient zur Kultivierung der Lebensenergie, zur Stärkung der Gesundheit und zur Förderung von innerem Frieden. Unabhängig von der körperlichen Verfassung bietet es einen

Weg zur Verbesserung des allgemeinen Wohlbefindens und zur tieferen Einsicht in die eigene Lebensenergie.

Gesundheit und Vitalität durch Qi Gong

Mit regelmäßiger Übung können Sie durch Qi Gong Ihre Gesundheit und Vitalität steigern. Es beginnt mit dem Lösen von körperlichen Verspannungen. Die sanften, fließenden Bewegungen des Qi Gong helfen, die Muskulatur zu lockern und den Körper insgesamt geschmeidiger zu machen.

Darüber hinaus ist Qi Gong ein effektives Werkzeug zum Stressabbau. Durch die Kombination von Bewegung, Atemkontrolle und geistiger Konzentration hilft Qi Gong, die ständige Gedankenflut zu beruhigen und ein Gefühl von innerem Frieden und Gelassenheit zu erzeugen. Viele Menschen berichten, dass sie sich nach einer Qi Gong-Übungseinheit erfrischt und energetisiert fühlen. Eine verbesserte Atmung und Haltung sind weitere Vorteile der Qi Gong-Praxis. Durch die Betonung einer korrekten Körperausrichtung und tiefen, bewussten Atemzügen kann Qi Gong dazu beitragen, dass Sie effizienter atmen und eine bessere Körperhaltung einnehmen.

Ein idealer Einstieg für Meditationsanfänger

Vielleicht am wichtigsten ist, dass Shaolin Qi Gong oft als idealer Einstieg für Menschen gesehen wird, die neu in der Meditation sind. Die sanften Bewegungen von Qi Gong können es einfacher machen, den Geist zu beruhigen und sich auf die Gegenwart zu fokussieren, als dies beim stillen Sitzen der Fall ist. Darüber hinaus können die Übungen leicht angepasst werden, um Menschen aller Fitnessstufen und Altersgruppen unterzubringen.

Shaolin Kung Fu

Shaolin Kung Fu, wie eine alte chinesische Redewendung verkündet, gilt als "die höchste Kampfkunst unter dem Himmel". Es steht in hohem Ansehen und wird oft als die Urmutter aller chinesischen Kampfkünste betrachtet. Dieser immense Ruhm beruht auf der beeindruckenden Geschichte und den vielseitigen Fähigkeiten, die die Shaolin-Mönche im Laufe der Jahrhunderte entwickelt und verfeinert haben.

Die Shaolin-Mönche sind legendär, bekannt für ihren Einsatz in historischen Schlachten, in denen sie auf Ersuchen des Kaisers halfen, und für ihre schier übermenschlichen Fähigkeiten. Diese Geschichte des Heldentums und der übernatürlichen Fertigkeiten hat ihre Popularität nur verstärkt. Aber der moderne Ruhm hat auch seine Schattenseiten: Die Authentizität und der spirituelle Kern der ursprünglichen Kampfkunst wurden oft zugunsten von Shows und Vorführungen geopfert, die die Masse unterhalten sollten.

Die zeitgenössischen Darbietungen von Shaolin Kung Fu haben zwar den weltweiten Ruhm der Disziplin gesteigert, aber sie haben wenig gemeinsam mit der Kunst, die ursprünglich entwickelt wurde, um die Mönche auf ihrem spirituellen Weg zur Erleuchtung zu stärken und das Kloster vor Eindringlingen zu schützen. In den modernen Aufführungen steht nicht mehr die geistige Kultivierung im Vordergrund, sondern die physische Brillanz.

Der Shaolin-Tempel selbst hat sich in den vergangenen Jahren zu einer touristischen Attraktion gewandelt, die wenig von dem ursprünglichen Geist bewahrt hat. Modernes "Wushu" und "Sanda", das chinesische Kickboxen, haben das traditionelle Kung Fu ersetzt und werden nun als Hauptattraktionen präsentiert. Die tiefgründigen Trainingsmethoden des traditionellen Shaolin Kung Fu sind in den Hintergrund gerückt und finden sich heute nur noch selten. Die populären Videos von extremem körperlichem Training, die im Internet kursieren, zeigen eher eine oberflächliche Trainingsmethode. Die körperliche Härte und Ausdauer, die sie demonstrieren, stehen im starken Kontrast zur Notwendigkeit der geistigen Kultivierung, die in der ursprünglichen Praxis des Shaolin Kung Fu eine zentrale Rolle spielte.

In der heutigen Zeit wird Shaolin Kung Fu oft hauptsächlich für ästhetische Darbietungen geübt. Das Wissen um die fein abgestimmten Kampftechniken und -strategien, die den Kern der Kunst bilden, droht zu verblassen. Die heutige Praxis entfernt sich zunehmend von den tiefgründigen Prinzipien und der geistigen Kultivierung, die Shaolin Kung Fu ursprünglich prägten. Trotz dieser Entwicklungen ist die ursprüngliche Kunst des Shaolin Kung Fu nicht verloren gegangen. Es gibt immer noch Orte und Meister, die die traditionellen Trainingsmethoden lehren und bewahren. Für den ehrgeizigen Schüler bietet Shaolin Kung Fu immer noch einen tiefen und reichhaltigen Weg zur körperlichen Fitness, geistigen Kultivierung und Selbstverteidigung, der über die bloße körperliche Demonstration hinausgeht. Die wahre Kunst von Shaolin Kung Fu ist, in den Worten der Mönche selbst, ein Weg zur Erleuchtung.

Tai Chi Chuan

Tai Chi Chuan ist eine Kunstform, die von außen betrachtet den Anschein einfacher, fließender Bewegungen vermittelt. Es ist diese Einfachheit und Anmut, die vielen den Eindruck vermitteln könnte, es handle sich um eine Art "kompliziertes Qi Gong".

Die wahre Schönheit und Komplexität von Tai Chi Chuan liegt jedoch in den sorgfältig choreographierten und koordinierten Bewegungen, die in langen Abfolgen ausgeführt werden, welche als Formen oder Sets bekannt sind. Jede Bewegung in Tai Chi Chuan ist in sich selbst ein Gedicht. Sie fließen nahtlos ineinander über und schaffen so ein Bild, das als "Poesie in Bewegung" beschrieben wird. Es ist dieses visuelle Gedicht, das Tai Chi Chuan seine Schönheit und seinen tiefen emotionalen Ausdruck verleiht. Tai Chi Chuan ist jedoch mehr als nur eine ästhetisch ansprechende Praxis. Seine gesundheitlichen Vorteile sind weitreichend und gut dokumentiert. Regelmäßige Praxis kann zur Verbesserung der Haltung, der Gelenkbeweglichkeit, der Balance und sogar zur Stärkung des Herz-Kreislauf-Systems beitragen.

In den Wurzeln von Tai Chi Chuan, verborgen in der Schönheit seiner Bewegungen, liegt seine wahre Identität als Kampfkunst. Das Wort "Chuan" im chinesischen Kontext bedeutet "Faust" und steht sinnbildlich für die Kampfkunst. Die Bewegungen, die in Tai Chi Chuan ausgeführt werden, sind mehr als nur fließend und schön - sie sind Ausdruck von Macht und Präzision, ausgeführt mit einer Tiefe und Geschwindigkeit, die oft nur durch das erfahrene Auge erkennbar ist.

In der Praxis lernen Sie, wie Sie diese Bewegungen schnell und kraftvoll ausführen können, ohne die Eleganz und den fließenden Charakter von Tai Chi Chuan zu verlieren. Partnerübungen wie "Pushing Hands" (schiebende Hände), Anwendungstraining, freier Kampf und Selbstverteidigung sind zentrale Bestandteile der Ausbildung und fördern nicht nur die körperliche Fitness, sondern auch das Verständnis für die Kampfanwendungen von Tai Chi Chuan. Ein bemerkenswertes Merkmal von Tai Chi Chuan ist seine Fähigkeit, sich effektiv gegen körperlich überlegene Gegner zu behaupten. Dies wird durch seine einzigartige Körpermechanik und die Nutzung der inneren Kraft, dem gesammelten Qi, erreicht. Es ist diese Fähigkeit, die Tai Chi Chuan zu einer effektiven Form der Selbstverteidigung und zu einer tiefgehenden Studie der menschlichen Bewegung macht.

Sollten Sie sich aufgrund einer Empfehlung Ihres Physiotherapeuten oder aus gesundheitlichen Gründen dem Tai Chi zuwenden wollen, sollten Sie diese tieferen Aspekte der Praxis im Hinterkopf behalten. Oftmals bietet Qi Gong eine einfachere und zugängliche Möglichkeit zur Steigerung der Gesundheit und Vitalität. Aber für diejenigen, die bereit sind, sich auf die Reise einzulassen, bietet Tai Chi Chuan eine tiefgreifende und bereichernde Praxis, die sowohl den Körper stärkt als auch den Geist beruhigt.

TRAINING FÜR IHRE SEELE

Shaolin Qi Gong und Shaolin Kung Fu sind weit mehr als bloße körperliche Disziplinen. In der Tat bergen diese kunstvollen Praktiken ein tiefgründiges Potenzial zur spirituellen Entwicklung, das die Grenzen des physischen Selbst übersteigt und sich in die Tiefen Ihres inneren Wesens hinein erstreckt. Hierbei handelt es sich allerdings nicht um religiöse Praktiken. Vielmehr geht es um Wege, durch die Sie eine Harmonie zwischen Körper, Geist und Seele erlangen und dadurch ein

größeres Maß an Ausgeglichenheit und innerem Frieden erreichen können.
In der heute schnelllebigen Welt, in der materielle Bedürfnisse oft die spirituelle Entwicklung überlagern, kann es leicht passieren, dass wir das Gleichgewicht zwischen den verschiedenen Aspekten unseres Lebens verlieren. Dies führt häufig zu Gefühlen der Leere und Sinnlosigkeit, die sich in Form von Stress, Depressionen und Burnout manifestieren. In einer solchen materialistisch geprägten Gesellschaft kann das Training in den Shaolin-Künsten als ein erfrischender Gegenpol dienen, der uns dabei hilft, das Gleichgewicht wiederherzustellen und einen Sinn in unserem Leben zu finden.

Eine weitere bemerkenswerte Eigenschaft der Shaolin-Künste ist, dass sie das Bedürfnis nach mehreren unterschiedlichen Trainingsformen eliminieren. Es besteht keine Notwendigkeit, ein Fitnessstudio für das körperliche Training, einen Yoga-Kurs für die Flexibilität und einen Meditationskurs für die Geistesruhe aufzusuchen. Alle diese Elemente sind in den Shaolin-Künsten integriert, was sie zu einem umfassenden Übungsprogramm für Ihre gesamte Existenz macht.

Tipp:
Achten Sie darauf, die richtige Schule oder den richtigen Lehrer für Ihre Ausbildung zu finden. Eine gute Schule wird Ihnen die richtige Technik, das richtige Tempo und das richtige Maß an Herausforderung bieten, um sicherzustellen, dass Sie das Beste aus Ihrem Training herausholen, ohne sich selbst zu verletzen. Es geht nicht darum, sich zu verletzen oder Unbehagen zu erfahren, sondern darum, sich selbst zu stärken und zu wachsen.

Die Shaolin-Künste bieten Ihnen einen Weg, Ihr Leben zu bereichern und es mit mehr Tiefe, Bedeutung und Freude zu erfüllen. Sie sind mehr als nur eine Form des Trainings, sie sind ein Weg zur

Selbstentdeckung und Selbstvervollkommnung. Lassen Sie sich diese Gelegenheit nicht entgehen, sich auf diese tiefgreifende und bereichernde Reise zu begeben.

TRANSFORMIEREN SIE SICH MIT DEM WISSEN DER SHAOLIN

Vielleicht fragen Sie sich: Warum gerade die Shaolin-Künste? Was macht sie so besonders und wie können sie dazu beitragen, die eigene Persönlichkeit zu entwickeln und das Leben zu transformieren? Hier ist der Schlüssel: Die Shaolin-Künste sind nicht nur Techniken, die man erlernt. Sie sind ein Lebensstil, eine Philosophie und ein Weg zur Selbstverbesserung.

Das erste Element, das die Shaolin-Künste für die persönliche Transformation so geeignet macht, ist die Ausrichtung auf das Gleichgewicht. Im Kern jeder Shaolin-Kunst, ob Shaolin Qi Gong, Kung Fu oder Tai Chi Chuan, steht das Streben nach Harmonie und Ausgewogenheit. Sie lernen, Ihre körperlichen, mentalen und emotionalen Energien auszugleichen, was zu mehr Stabilität und Wohlbefinden in Ihrem Leben führt.

Des Weiteren liegt ein weiterer Kernaspekt der Shaolin-Philosophie in der Disziplin und Hingabe. Wenn Sie eine Shaolin-Kunst erlernen, engagieren Sie sich für einen Prozess kontinuierlicher Selbstverbesserung. Sie werden ermutigt, stets Ihre Grenzen zu erkunden, Ihre Fähigkeiten zu verbessern und sich neue Fertigkeiten anzueignen. Diese Mentalität der kontinuierlichen Selbstverbesserung kann leicht auf andere Bereiche Ihres Lebens übertragen werden, von Ihrer Karriere bis hin zu Ihren persönlichen Beziehungen. Hinzu kommt, dass die Shaolin-Künste eine starke Verbindung zwischen Körper und Geist fördern. Durch die Kombination von körperlichen Übungen, Atemtechniken und Meditation lernen Sie, Ihren Körper und Ihren Geist als Einheit zu sehen und zu behandeln. Dies hilft Ihnen, Ihre mentalen und emotionalen Zustände besser zu verstehen und zu kontrollieren, was letztendlich zu einer besseren Selbstwahrnehmung und Selbstregulation führt. Schließlich bieten die Shaolin-Künste einen Weg zur Selbstentdeckung. Jede Technik, jede Bewegung und jede Atemübung ist eine Gelegenheit, sich selbst besser kennenzulernen. Sie lernen, auf die Signale Ihres Körpers zu hören, Ihre Gefühle und Emotionen zu erkennen und zu verstehen, was in Ihrem Geist vor sich geht. Mit anderen Worten: Sie lernen, sich selbst auf einer tieferen Ebene zu verstehen.

Die 10 Gesetze der Shaolin

Die "10 Gesetze der Shaolin" sind weniger strikte Vorschriften, sondern vielmehr zehn weise Leitlinien, die einen umfassenden Wegweiser für ein ausgewogenes und erfülltes Leben bieten. Sie sind Ankerpunkte für Gesundheit und Wohlbefinden, geistige Klarheit und emotionale Stärke. Und dabei sind sie weit mehr als nur altüberlieferte Weisheiten – sie sind wirkungsvolle Instrumente, die Ihnen dabei helfen, ein tiefgreifendes Verständnis für sich selbst und die Welt um Sie herum zu entwickeln. Die Auseinandersetzung mit den zehn Shaolin-Gesetzen ist jedoch kein flüchtiges Unterfangen. Sie erfordert Beständigkeit und Geduld, denn es handelt sich um einen fortlaufenden Prozess der Selbsterkenntnis und persönlichen Entwicklung. Das Streben besteht nicht darin, ein perfektes Ziel zu erreichen, sondern vielmehr darin, den stetigen Pfad der Verbesserung und Selbstreflexion zu beschreiten.

Bereiten Sie sich also darauf vor, tief in die Welt der Shaolin-Philosophie einzutauchen und die wunderbaren Einsichten zu entdecken, die die 10 Gesetze der Shaolin für Sie bereithalten. Diese alten Weisheiten können zu Ihren treuen Begleitern auf Ihrer Reise zu körperlichem Wohlbefinden, geistiger Klarheit und seelischer Ausgeglichenheit werden. Machen Sie sich bereit, Ihren ersten Schritt auf diesem aufregenden Pfad zu gehen. Tauchen Sie ein in das Universum der

Shaolin-Weisheiten und lassen Sie sich von der Tiefe und Weite dieser uralten Lehren inspirieren.

RESPEKT DEM MEISTER

1. "Respektiere deinen Meister, ehre den Pfad und schätze deine Mitstreiter als Bruder und Schwester: Dies ist der Weg der Shaolin."

Respekt gegenüber dem Meister oder Sifu ist eine zentrale Säule in der Lehre der Shaolin. Es ist nicht lediglich eine oberflächliche Huldigung, sondern vielmehr ein Ausdruck tiefer Wertschätzung und Anerkennung für die Weisheit, Führung und Erfahrung, die der Meister verkörpert. Dieser Respekt erinnert an die Bedeutung der Demut und des ständigen Lernens in jedem Schritt auf dem Pfad des Lebens. In Verbindung damit steht die Ehre für den moralischen Weg. Dieser Pfad ist nicht einfach nur eine Reihe von Regeln oder Geboten, sondern eine tiefe und andauernde Verpflichtung, moralische Prinzipien in jedes Element des Lebens zu integrieren. Es ist eine Anleitung, wie man mit Integrität, Mitgefühl und Verständnis handelt - sowohl für sich selbst als auch für andere.

Die anderen Anhänger - die Kung Fu-Geschwister - sind ebenso wichtige Mitglieder dieser Gemeinschaft. Sie werden mit tiefer Liebe und aufrichtigem Respekt behandelt, als wären sie echte Geschwister. Diese tiefe Verbundenheit stärkt das Zusammengehörigkeitsgefühl und fördert eine unterstützende und respektvolle Gemeinschaft, in der jeder Einzelne wachsen und gedeihen kann.

Der Meister erscheint, wenn der Schüler bereit ist

Eine zentrale Weisheit, die sich tief in den Lehren der Shaolin eingraviert hat, ist das Prinzip: "Der Meister erscheint, wenn der Schüler bereit ist". Dieses Prinzip unterstreicht, dass der Schlüssel zum Wachstum und zur Entwicklung nicht allein in der Existenz eines Mentors oder Lehrers liegt, sondern in der inneren Bereitschaft des Lernenden, die angebotene Weisheit zu akzeptieren und anzuwenden. Es ist ein Bewusstseinszustand, der sowohl Offenheit als auch Demut erfordert. Es ist das Erkennen, dass es noch viel zu lernen gibt, und die Bereitschaft, sich auf diesen Lernprozess einzulassen. Mit diesem Bewusstsein gehen Sie dann dazu über, Aufgaben in Dankbarkeit anzunehmen. Jede Aufgabe, jede Übung und jede Herausforderung, die Sie im Training erleben, sind Chancen für Wachstum und Transformation. Sie sind keine Hindernisse, die überwunden werden müssen, sondern Geschenke, die das Potenzial haben, Sie auf Ihrer Reise zur Selbstvervollkommnung voranzubringen. Die Annahme dieser Aufgaben in einem Geist der Dankbarkeit ermöglicht es Ihnen, ihre vollen Vorteile zu erkennen und zu nutzen.

Das Leben selbst, so lehrt die Philosophie der Shaolin, verläuft in zyklischen Mustern, ähnlich wie die Jahreszeiten, die ständig in einem ewigen Kreislauf der Veränderung und Erneuerung fließen. Im Laufe des Lebens durchlaufen Sie verschiedene Entwicklungsstufen, jede mit ihren eigenen Lektionen, Herausforderungen und Belohnungen. Wie im Shaolin-Training sind auch diese Phasen des Lebens nicht einfach Hindernisse, die überwunden werden müssen, sondern vielmehr Möglichkeiten zur Transformation und zum Wachstum. Jede Stufe ist ein bedeutender Meilenstein auf dem Weg zur Selbstvervollkommnung und bietet einzigartige Möglichkeiten zur Entwicklung und Reifung.

Schüler des Lebens sein

Betrachten Sie sich stets als Schüler des Lebens - eine Rolle, die uns alle auf unserer Reise durch die Existenz einnimmt. In dieser Rolle bleibt man offen, neugierig und flexibel, stets bereit, neue Weisheiten aufzunehmen und alte Vorstellungen infrage zu stellen. Das Leben verfügt über natürliche Hierarchien, und es liegt in unserer menschlichen Natur, diese anzuerkennen und zu respektieren. Ein Kind beispielsweise schaut zu seinen Eltern auf und lernt von deren Erfahrungen und Kenntnissen, um das eigene Leben zu gestalten. Ebenso kann man in anderen Bereichen des Lebens Lehrer finden: von Mentoren im Berufsleben bis hin zu spirituellen Lehrern auf der Suche nach innerer Erleuchtung.

Demut ist ein Schlüsselkonzept, das in dieser Reise durch das Leben eine entscheidende Rolle spielt. Menschen mit mehr Lebenserfahrung besitzen oft wertvolle Einsichten, die sie nur zu gerne mit denen teilen, die bereit sind, zuzuhören und zu lernen. Demut erlaubt es, sich selbst immer wieder in die Position des Lernenden zu versetzen, um im Leben voranzukommen und nicht stehen zu bleiben. Es ermöglicht das Wachstum, das Eingeständnis eigener Schwächen und das Streben nach Verbesserung. Dieser fortwährende Lernprozess ist keine Aufgabe, sondern ein Geschenk. Es ermöglicht Ihnen, über sich selbst hinauszuwachsen und Ihr Leben in vollem Maße zu erleben. Als ständiger Schüler des Lebens nehmen Sie jede Erfahrung als eine Möglichkeit zur Verbesserung und Transformation wahr, was Sie stets dazu bringt, den bestmöglichen Weg für sich selbst und die Menschen in Ihrem Leben zu suchen.

Herausforderungen im Leben als Entwicklungshilfe für unsere Persönlichkeit

Herausforderungen im Leben sind nicht dazu gedacht, Sie zu bremsen oder Ihnen Schwierigkeiten zu bereiten. Ganz im Gegenteil, sie sind da, um als Katalysatoren für persönliches Wachstum und Transformation zu dienen. Sie sind wie Scheinwerfer, die auf jene Bereiche Ihres Lebens und Ihrer Persönlichkeit leuchten, die Verbesserung und Weiterentwicklung erfordern.

Jede Herausforderung, die Ihnen begegnet, kommt genau dann, wenn Sie bereit sind, sie zu bewältigen. Diese Philosophie stützt sich auf die Überzeugung, dass das Universum nicht chaotisch ist, sondern dass es einen tieferen Sinn und Zweck hat. Es ist eine Einladung, nicht nur die Herausforderung anzunehmen, sondern auch die Gelegenheit zu nutzen, die sie bietet. Es geht darum, das Leben nicht als ständige Belastungsprobe zu betrachten, sondern als Lernreise, in der jede Schwierigkeit ein Mittel zur Verbesserung ist. Sowohl Menschen als auch Ereignisse können Ihre Lehrer sein. Jeder, dem Sie begegnen, und alles, was Ihnen widerfährt, trägt eine Lektion in sich. Diese Lektionen können sich auf vielfältige Weise manifestieren und können ebenso von einer kurzen Begegnung mit einem Fremden stammen wie von einem lebensverändernden Ereignis. Um diese verborgenen Lektionen zu entdecken, müssen Sie sich selbst die Frage stellen:

"Was kann mir dieses Ereignis beibringen?"

Dieser einfache, aber kraftvolle Gedanke kann Ihre Wahrnehmung verändern und Ihnen helfen, auch in schwierigsten Zeiten einen Sinn zu finden. Indem Sie diese Frage regelmäßig stellen, werden Sie feststellen, dass Sie sich nicht mehr als Opfer Ihrer Umstände fühlen, sondern als aktiver Teilnehmer auf Ihrer Lebensreise, der stets danach strebt, aus jeder Situation das Beste zu machen.

Die Grundpfeiler der Praxis: Respekt, Bereitschaft und Körperliche Disziplin

Der Weg der Shaolin ist tief in der Anerkennung des Respekts verwurzelt. Respekt zeigt sich besonders in der Ehrerbietung gegenüber dem Meister oder Sifu. Dies beinhaltet das Folgen seiner Anweisungen und die sorgfältige Ausführung der gezeigten Übungen. Dieser Respekt erstreckt sich auch auf Trainingspartner und andere Mitglieder der Gemeinschaft, was den Teamgeist und die körperliche Fitness fördert.

Die Bereitschaft zu lernen und sich zu verbessern, ist entscheidend für den Fortschritt. Sie erfordert die Geduld, auch schwierige Übungen zu üben und eine meditative Praxis zu pflegen. Flexibilität und Ausdauer spielen hier eine wichtige Rolle, da das Training oft erfordert, die eigene Komfortzone zu verlassen. Die körperlichen Übungen der Shaolin erfordern Anstrengung, Disziplin und Hingabe. Sie sind Metaphern für das Leben selbst: Mit jeder Wiederholung verbessert sich der Praktizierende ein Stück mehr, ähnlich wie Herausforderungen im Leben zur Stärkung dienen. Dieser zyklische Prozess des Lernens und der Entwicklung spiegelt sich in allen Aspekten des Lebens wider.

Die Struktur des Shaolin-Trainings reflektiert die natürlichen Hierarchien des Lebens. Der Meister führt, während die Schüler folgen und lernen. Es erfordert Demut, um zu erkennen, dass es immer mehr zu lernen gibt und dass jeder von anderen lernen kann. Die Herausforderungen des Trainings und des Lebens allgemein können als Chancen zur persönlichen Entwicklung und Verbesserung gesehen werden. Die Pflege der körperlichen und geistigen Gesundheit, durch regelmäßiges Training, gesunde Ernährung, ausreichenden Schlaf und Stressabbau, ist ein wesentlicher Aspekt der Shaolin-Philosophie. Dies fördert nicht nur die physische und mentale Verbesserung, sondern auch das allgemeine Wohlbefinden.

PRAKTIZIEREN DER KÜNSTE

2. "Pflege deinen Körper und nähre deinen Geist, übe die Künste der Shaolin unermüdlich: Das ist der Tanz des Lebens, wie ihn die Shaolin lehren."

In der Disziplin der Shaolin sind Sie mehr als nur ein Praktizierender; Sie sind ein engagierter Schüler, ein unermüdlicher Lerner und ein ständiger Suchender. Shaolin-Künste zu üben erfordert nicht nur physische Kraft, sondern auch mentale Wachheit und spirituelle Stärke. Sie treten nicht nur auf den Pfad der körperlichen Fitness und Geschicklichkeit, sondern auch auf den Weg des Bewusstseins, der Achtsamkeit und der Selbstverbesserung. Es ist ein anspruchsvolles Unterfangen, aber die Belohnungen sind zahlreich und wertvoll. Mit jedem Tag der Praxis, mit jedem Atemzug und jeder Bewegung, gewinnen Sie neue Einblicke und verbessern Ihre Fähigkeiten. Ihr Körper wird stärker und flexibler, Ihr Geist schärfer und konzentrierter, und Ihr Geist ruhiger und friedvoller.

Die physische und mentale Gesundheit sind entscheidende Voraussetzungen für das Üben der Shaolin-Künste. Sie können keine Tugenden wie Mut, Ausdauer und Respekt kultivieren, wenn Ihr Körper schwach ist oder Ihr Geist unruhig. Das Streben nach Gesundheit ist daher nicht nur ein Weg zur Verbesserung Ihrer Fähigkeiten, sondern auch eine Methode zur Erreichung von Tugenden. Physische Gesundheit beginnt mit der richtigen Ernährung, ausreichend Schlaf und regelmäßiger Bewegung. Ein gesunder Körper ist ein starkes Gefäß für die Energien, die durch das Üben der Shaolin-Künste freigesetzt werden. Er bietet die notwendige Kraft und Ausdauer, um die anspruchsvollen Übungen durchzuführen und den physischen Anforderungen des Trainings standzuhalten. Die mentale Gesundheit hingegen erfordert Klarheit, Konzentration und innere Ruhe. Es erfordert die Fähigkeit, mit den Herausforderungen des Lebens umzugehen, und die

Fähigkeit, sowohl in guten als auch in schwierigen Zeiten Ruhe und Gelassenheit zu bewahren. Die geistige Gesundheit wird durch Achtsamkeit, Meditation und die Pflege von positiven Beziehungen gefördert.

Üben Sie beharrlich die Shaolin-Künste und Sie werden nicht nur bemerkenswerte Fortschritte in Ihrem Training machen, sondern auch eine tiefere Wertschätzung und ein tieferes Verständnis für die Prinzipien und Werte der Shaolin-Kultur entwickeln. Sie werden feststellen, dass die Praxis der Shaolin-Künste mehr als nur eine Reihe von Übungen ist; es ist eine Art zu leben, eine Art zu sein. Es ist eine ständige Einladung zur Selbstverbesserung, zur Entdeckung und zum Erwachen.

Die Shaolin Tagesroutine

Die Tagesroutine der Shaolin ist ein präzise ausgeführter Tanz des Alltags, der sich eng an den natürlichen Rhythmen der Sonne und des Körpers orientiert. Sie beginnen den Tag mit dem ersten Licht der Morgensonne, eine Praxis, die in Asien weit verbreitet ist, aber auch Ihnen - unabhängig von Ihrem geographischen Standort - einen hervorragenden Start in den Tag ermöglicht. Der Sonnenaufgang signalisiert den Beginn eines neuen Tages und einer neuen Möglichkeit, die Lehren der Shaolin in die Tat umzusetzen.

Der Morgen beginnt mit Reinigungsritualen, die sowohl körperliche als auch geistige Reinigung beinhalten. Ein einfaches Bad oder eine Dusche hilft, den Schlaf abzuwaschen und den Körper auf den bevorstehenden Tag vorzubereiten. Parallel dazu wird auch der Geist durch Meditation gereinigt und geklärt. Dies schafft einen ruhigen und fokussierten Ausgangspunkt für den Tag.

Audiodatei 1

Shaolin-Morgenmeditation – Eine Anleitung

• Das Aufwachen mit der Sonne

Stehen Sie mit dem ersten Licht der Sonne auf und registrieren Sie bewusst, wie die ersten Sonnenstrahlen den Himmel berühren. Lassen Sie das warme, sanfte Licht in Ihr Herz strömen und lassen Sie es Sie mit neuer Energie und Hoffnung für den neuen Tag erfüllen.

• Der Ort der Meditation

Finden Sie einen ruhigen Ort, an dem Sie nicht gestört werden und Sie sich wohlfühlen. Dies kann ein spezieller Raum in Ihrem Haus, ein ruhiger Ort in Ihrem Garten oder sogar ein nahegelegener Park sein. Wichtig ist, dass dieser Ort eine Atmosphäre der Ruhe und des Friedens ausstrahlt, die förderlich für die Meditation ist.

• Die Körperhaltung

Setzen Sie sich bequem hin. Wählen Sie eine Position, die Sie eine Weile halten können, ohne sich zu verkrampfen oder unwohl zu fühlen. Sie können auf einem Kissen sitzen, in einer traditionellen Meditationshaltung oder auf einem Stuhl sitzen, solange Ihre Wirbelsäule aufrecht und Ihr Körper entspannt ist. Platzieren Sie Ihre Hände auf

Ihren Knien oder in Ihren Schoß. Richten Sie die Handflächen nach oben, als Zeichen der Offenheit und Empfänglichkeit.

- Der Atem

Richten Sie nun bei geschlossenen Augen Ihre volle Aufmerksamkeit auf Ihren Atem. Nehmen Sie den natürlichen Rhythmus Ihres Atems wahr, wie er sanft ein- und ausströmt. Versuchen Sie nicht, Ihren Atem zu kontrollieren oder zu manipulieren. Lassen Sie ihn einfach fließen und folgen Sie ihm mit Ihrer Aufmerksamkeit.

- Die Achtsamkeit

Während des Atmens werden Sie wahrscheinlich bemerken, dass Ihr Geist dazu neigt, abzuschweifen und an tausend andere Dinge zu denken. Dies ist vollkommen normal und Teil des Meditationsprozesses. Wenn Sie bemerken, dass Ihr Geist abwandert, bringen Sie ihn sanft und ohne Urteil zurück zu Ihrem Atem.

- Die Verbindung zur Natur

Nachdem Sie sich einige Minuten auf Ihren Atem konzentriert haben, fokussieren Sie Ihre Aufmerksamkeit auf die Geräusche und Empfindungen um Sie herum. Hören Sie auf das Zwitschern der Vögel, das Rascheln der Blätter, den Wind, der sanft Ihre Haut streift. Fühlen Sie die Verbindung zwischen Ihnen und der Natur und lassen Sie sich von dieser Verbindung erfüllen.

- Das Loslassen

Beenden Sie Ihre Meditation, indem Sie noch einen Moment in Stille verbringen. Atmen Sie tief ein und aus, lassen Sie alle restlichen Anspannungen los und öffnen Sie langsam Ihre Augen. Nehmen Sie sich einen Moment, um die Ruhe und Klarheit, die Sie während der Meditation erreicht haben, zu spüren, und tragen Sie diese Ruhe und Klarheit in den Rest Ihres Tages.

Hinweis:
Vergessen Sie nicht, dass die Zielsetzung bei der Meditation nicht in der Erreichung eines spezifischen Zustands oder Perfektion liegt. Vielmehr ist es das Ziel, im Hier und Jetzt gegenwärtig zu sein und eine tiefe Bindung mit dem eigenen Selbst und der umgebenden Welt herzustellen. Deshalb, behandeln Sie sich selbst mit Sanftheit, praktizieren Sie geduldig und liebevoll und lassen Sie Ihre Meditationspraxis zu einem heiligen Ritual werden, das jeden Morgen Freude und Dankbarkeit in Ihnen weckt.

Bewegung ist ein integraler Bestandteil der morgendlichen Routine und spielt eine entscheidende Rolle bei der Aufrechterhaltung der Disziplin. Die Shaolin glauben, dass Bewegung - insbesondere Übungen aus dem Kung Fu - sowohl den Körper als auch den Geist stärkt. Beginnen Sie den Tag also mit einigen grundlegenden Übungen, um Ihren Körper aufzuwecken und Ihren Geist zu schärfen.

Audiodatei 2

Übungen - Die Shaolin-Wachmacher

• Der Aufwachende Drache

Beginnen Sie im Stehen, die Füße schulterbreit auseinander, die Arme locker an den Seiten. Atmen Sie tief ein und heben Sie dabei Ihre Arme langsam über Ihren Kopf, als würden Sie die Morgenenergie der Sonne einfangen. Beim Ausatmen senken Sie Ihre Arme langsam wieder, als würden Sie diese Energie durch Ihren Körper fließen lassen. Wiederholen Sie diese Bewegung mehrmals und stellen Sie sich vor, wie Sie mit jeder Wiederholung mehr Licht und Energie aufnehmen.

• Der Fließende Fluss

Nachdem Sie Ihren Körper geweckt haben, ist es Zeit, Ihre Gelenke zu mobilisieren. Beginnen Sie mit Ihren Knöcheln und bewegen Sie sich langsam nach oben durch Ihre Knie, Hüften, Wirbelsäule, Schultern,

Ellenbogen und Handgelenke. Bewegen Sie jedes Gelenk sanft und bewusst, als ob Sie einen Fluss von Energie durch Ihren Körper fließen lassen. Stellen Sie sich vor, dass jeder Block oder jede Spannung, die Sie fühlen, sanft weggewaschen wird.

- Der Stärkende Tiger

Nun ist es an der Zeit, Ihren Körper zu stärken. Beginnen Sie mit einer einfachen Übung wie Kniebeugen oder Liegestützen. Stellen Sie sich vor, dass Sie mit jeder Wiederholung nicht nur Ihren Körper, sondern auch Ihren Geist stärken. Konzentrieren Sie sich auf Ihre Atmung und synchronisieren Sie sie mit Ihren Bewegungen. Wiederholen Sie die Übung so oft, wie es für Sie angenehm ist.

- Der Tanzende Kranich

Abschließend bringen Sie mit sanften, fließenden Bewegungen Ihren Körper und Geist zur Ruhe. Stellen Sie sich vor, Sie sind ein Kranich, der über einen ruhigen See tanzt. Bewegen Sie Ihre Arme und Beine mit Anmut und Leichtigkeit und lassen Sie Ihren Geist dabei zur Ruhe kommen.

Tipp:
Beenden Sie Ihr Übungsritual, indem Sie einen Moment innehalten und Ihre Aufmerksamkeit auf Ihren Körper richten. Spüren Sie die Energie und Kraft, die Sie durch die Übungen gewonnen haben, und tragen Sie diese in den Rest Ihres Tages.

Wenn die Sonne ihren Zenit erreicht und der Mittag hereinbricht, nutzen Sie diese Zeit, um Ihre Kräfte zu sammeln und zu erneuern. Die Mittagspause ist eine Zeit der Ruhe und Reflexion, eine Chance, um sich von den Aktivitäten des Vormittags zu erholen und sich auf die des Nachmittags vorzubereiten.

Audiodatei 3

Die Praxis des "Stillen Qi Gong"

Das "Stille Qi Gong" ist eine sanfte, meditative Übung, die den Fokus auf die innere Balance und Harmonie legt. Diese Form des Qi Gong konzentriert sich auf ruhige, bedachte Bewegungen und tiefes, bewusstes Atmen, um das innere Qi - die Lebensenergie - zu kultivieren und zu pflegen. Es ist eine perfekte Übung zur Mitte des Tages, um den Körper und Geist zu beruhigen, Stress abzubauen und sich auf die bevorstehenden Aufgaben des Nachmittags vorzubereiten.

- Sitzen in Stille

Finden Sie einen ruhigen, komfortablen Ort zum Sitzen, vorzugsweise in der Natur, wo Sie die frische Luft und das sanfte Licht der Mittagssonne genießen können. Lassen Sie Ihre Augenlider sanft herunterfallen und richten Sie Ihre Aufmerksamkeit auf den Rhythmus Ihres Atems. Lassen Sie die Gedanken an den Morgen und die Pläne für den Nachmittag los und bringen Sie Ihre Aufmerksamkeit in das Hier und Jetzt.

- Qi Sammeln

Legen Sie Ihre Hände auf Ihren Bauch, knapp unterhalb des Nabels - den Ort, den die Shaolin das "Dantian" nennen, das Zentrum Ihres inneren Qi. Atmen Sie tief ein und stellen Sie sich vor, wie Sie Energie aus der Erde und der Sonne aufnehmen. Beim Ausatmen lassen Sie diese Energie durch Ihren ganzen Körper fließen, in jede Zelle, jeden Muskel und jedes Organ.

- Energie Fluss

Lassen Sie Ihre Hände zu Ihren Seiten fallen und stellen Sie sich vor, wie das Qi in Ihrem Körper fließt, wie ein sanfter, nährender Fluss. Spüren Sie, wie jede Spannung, jeder Stress abfließt und durch frische, lebendige Energie ersetzt wird.

- Rückkehr zur Stille

Beenden Sie die Übung, indem Sie Ihre Hände wieder auf Ihr Dantian legen und einige Momente in Stille verbringen. Spüren

Sie die Veränderungen in Ihrem Körper und Geist und tragen Sie dieses Gefühl von Ruhe und Erneuerung in den Rest Ihres Tages.

Hinweis:
Die Praxis des Stillen Qi Gong zur Mittagszeit hilft Ihnen, sich zu zentrieren und Ihre Energien zu erneuern. Es ist eine Erinnerung daran, dass Ruhe und Reflexion genauso wichtig sind für die Shaolin-Disziplin wie Aktivität und Bewegung.

Der Abend stellt das Ende des Tages dar und bietet eine Gelegenheit, den Tag zu reflektieren und den Körper und Geist auf die Ruhe der Nacht vorzubereiten. Weitere Reinigungsrituale, sowohl physisch als auch geistig, können dabei helfen, den Stress und die Verschmutzungen des Tages loszulassen und sich auf einen erholsamen Schlaf vorzubereiten.

Audiodatei 4

Ritual des Loslassens – Eine Anleitung

Mit dem Einbruch der Dunkelheit und dem Abschied des Tages bietet sich die ideale Gelegenheit zum Loslassen. Dieses Ritual dient dazu, die Sorgen und Verschmutzungen des Tages loszulassen und den Körper und Geist auf die bevorstehende Ruhe vorzubereiten.

- Ort der Stille

Finden Sie einen ruhigen Ort, wo Sie sich wohlfühlen und entspannen können. Es kann ein Zimmer in Ihrem Zuhause sein, ein Platz in der Natur oder ein heiliger Ort, der für Sie eine besondere Bedeutung hat.

- Kerzenlicht

Entzünden Sie eine Kerze, deren sanftes Licht im Shaolin-Glauben die Dunkelheit des Unwissens vertreibt und den Geist zur Weisheit und Klarheit führt. Lassen Sie die flackernde Flamme Sie an die vergängliche Natur des Lebens und den ständigen Fluss der Erfahrung erinnern.

- **Geistige Reinigung**

Schließen Sie die Augen und lenken Sie Ihre Aufmerksamkeit nach innen. Stellen Sie sich vor, wie ein reines, helles Licht von Ihrer Stirn - dem "Drittem Auge", dem Ort der inneren Weisheit - ausgeht. Dieses Licht durchströmt Ihren ganzen Körper und reinigt ihn von innen heraus. Jeder Gedanke, jede Sorge, jede Anspannung wird von diesem Licht aufgenommen und transformiert.

- **Loslassen**

Öffnen Sie die Augen und blicken Sie auf die Kerzenflamme. Stellen Sie sich vor, wie Sie alle Sorgen und Verschmutzungen des Tages in die Flamme geben. Mit jedem Ausatmen lassen Sie los und mit jedem Einatmen nehmen Sie reine, erfrischende Energie auf.

- **Dankbarkeit**

Legen Sie Ihre Hände vor der Brust zusammen. Verbringen Sie so einen Moment der Dankbarkeit. Bedanken Sie sich für die Erfahrungen des Tages, sowohl die guten als auch die schwierigen, denn sie alle sind Teil Ihres Wachstums- und Lernprozesses.

Hinweis:
Dieses Ritual ist eine einfache, aber effektive Methode, um den Tag abzuschließen und sich auf die Nacht vorzubereiten. Durch dieses Ritual bereiten Sie den Boden für einen erholsamen Schlaf und die Erneuerung von Körper und Geist. In der stillen Dunkelheit der Nacht finden Sie Ruhe und Erholung, gestärkt durch die Reinheit Ihres Geistes und bereit für die Herausforderungen des neuen Tages.

Beachten Sie, dass diese Tagesroutine nicht starr ist, sondern angepasst und modifiziert werden kann, um Ihren spezifischen Bedürfnissen und Umständen gerecht zu werden. Denken Sie daran, dass der Kern der Shaolin-Praxis in der Achtsamkeit liegt - in der bewussten Aufmerksamkeit für den Moment und für das, was Ihr Körper und Geist brauchen, um im Gleichgewicht zu bleiben. Sie sind der beste Richter für das, was Sie brauchen, also zögern Sie nicht, diese Routine an Ihre eigenen Bedürfnisse anzupassen. Die Essenz der Shaolin-Lehre besteht nicht darin, einem starren Set von Regeln zu folgen, sondern darin, eine Art des Seins zu kultivieren, die auf Respekt, Achtsamkeit und Selbstfürsorge basiert.

Achtsamkeit durch körperliche Bewegung

Die Kunst der Achtsamkeit durch körperliche Bewegung zu entwickeln, ist ein zentraler Bestandteil der Shaolin-Philosophie. Es ist ein Weg zur Transformation, zur Enthüllung unserer wahren Natur und zur Entfaltung unseres vollen Potentials. Es sind nicht nur die Bewegungen selbst, die wichtig sind, sondern die Qualität der Aufmerksamkeit, die wir ihnen beimessen.

Tai-Chi, eine der Kernpraktiken der Shaolin, ist ein wunderbares Beispiel dafür. In seiner sanften, fließenden Bewegung finden wir einen tiefen Ausdruck von Achtsamkeit und Harmonie. Mit jeder Geste, jedem Atemzug, verbinden wir uns mehr mit unserem Inneren und mit der Welt, die uns umgibt. Es ist eine Bewegung des Fließens, des Einvernehmens mit der Natur und der natürlichen Rhythmen des Lebens.

Exkurs: Die Wurzeln des Tai-Chi

Die genauen Ursprünge von Tai Chi sind von Mythen und Legenden durchsetzt, die die Linien zwischen Fakt und Fiktion verwischen. Eine der bekanntesten Geschichten ist die des daoistischen Mönchs Zhang Sanfeng, der oft als der Vater des Tai Chi bezeichnet wird. Es wird gesagt, dass er während der Yuan- oder Ming-Dynastie (13.-17. Jahrhundert) lebte. Sanfeng soll das Tai Chi entwickelt haben, nachdem er einen Kampf zwischen einem Kranich und einer Schlange beobachtet hatte und davon inspiriert wurde, eine Kampfkunst zu schaffen, die auf fließenden, harmonischen Bewegungen und innerer Stärke basiert, anstatt auf roher körperlicher Kraft.

Historische Aufzeichnungen legen jedoch nahe, dass die organisierte Praxis des Tai Chi wahrscheinlich erst im 17. Jahrhundert entstand, in der späten Ming- und frühen Qing-Dynastie. Die Chen-Familie in der chinesischen Provinz Henan gilt allgemein als die erste, die eine eindeutige Form des Tai Chi entwickelt hat, bekannt als Chen-Stil. Von dort aus entwickelten sich andere Stile, darunter der Yang-Stil, Wu-Stil und Sun-Stil, die jeweils ihre eigenen einzigartigen Bewegungen und Philosophien haben, aber alle auf den gleichen Grundprinzipien von Gleichgewicht, Harmonie und fließender Bewegung basieren. Die philosophischen Wurzeln des Tai Chi sind stark vom Daoismus und Konfuzianismus geprägt, zwei zentralen Denkströmungen in der chinesischen Kultur. Die Prinzipien des Yin und Yang, der Polarität und Komplementarität, stehen im Zentrum der Tai Chi Praxis. Gleichzeitig betont Tai Chi die konfuzianischen Tugenden der Mitmenschlichkeit, Aufrichtigkeit und Respekt.

Im Laufe der Jahrhunderte hat sich Tai Chi von einer Kampfkunst zu einer umfassenden Praxis der körperlichen und geistigen Gesundheit entwickelt. Heute wird es weltweit von Menschen aller Altersgruppen und Fitnessstufen praktiziert, um Stress abzubauen, die Beweglichkeit zu verbessern, das Gleichgewicht zu fördern und das allgemeine Wohlbefinden zu steigern. Trotz seiner Entwicklung und Anpassung an moderne Zeiten bleibt Tai Chi in seiner Essenz eine Praxis, die darauf abzielt, Körper und Geist in Harmonie zu bringen und den Praktizierenden zu helfen, ein tieferes Verständnis und eine tiefere Verbindung mit sich selbst und der Welt um ihn herum zu entwickeln.

Wenn Sie Tai-Chi praktizieren, lassen Sie Ihren Körper und Ihren Geist in einen Zustand des Fließens eintreten. Mit jeder Bewegung werden Sie sich dessen bewusst, wie Ihr Körper sich anfühlt, wie er sich im Raum bewegt, wie die Energie in Ihnen fließt. Sie bemerken, wie Ihre Füße fest auf dem Erdboden aufliegen, wie Ihre Arme und Hände sich leicht in der Umgebung bewegen und wie der Atem fließend in Ihren Körper einströmt und wieder hinausgeht. Diese Aufmerksamkeit für den gegenwärtigen Moment, diese tiefe Verbindung mit dem Körper und der Umgebung, das ist Achtsamkeit. Doch Tai-Chi ist mehr als nur eine Bewegungspraxis. Es ist eine Praxis der inneren Arbeit, der Selbsterkenntnis und Transformation. Durch das Praktizieren von Tai-Chi erweitern Sie Ihr Herz und Ihren Verstand, Sie schulen sich darin, präsent zu bleiben, Geduld zu zeigen und Mitgefühl sowie Respekt zu fördern. Sie lernen, sich selbst so zu sehen, wie Sie wirklich sind, und dennoch ständig danach zu streben, die beste Version von sich selbst zu werden.

Die Übungen des Tai-Chi sind wie ein Spiegel, der uns unser wahres Selbst zeigt. Mit jedem Schritt, jedem Atemzug, enthüllen wir ein bisschen mehr davon. Und das Schöne daran ist, dass es keine Endstation gibt. Jeder Tag, jede Praxis ist eine Gelegenheit zu lernen, zu wachsen, zu transformieren.

Die Kunst des Shaolin liegt nicht nur in der Fähigkeit, kraftvolle Bewegungen auszuführen oder atemberaubende Techniken zu beherrschen. Sie liegt in der Fähigkeit, jeden Moment mit Achtsamkeit, Respekt und Mitgefühl zu leben. In der Fähigkeit, sich selbst und die Welt im Außen mit offenem Herzen und klarem Geist wahrzunehmen. Die wahre Kunst liegt nicht in der Perfektion der Technik, sondern in der Hingabe an den Prozess. Es geht nicht darum, wo Sie ankommen, sondern darum, wie Sie dorthin gelangen. Mit jedem Schritt, den Sie auf diesem Pfad gehen, mit jeder Bewegung, die Sie machen, sind Sie ein Shaolin. Lassen Sie die Kraft der Bewegung und die Schönheit des Augenblicks Ihr Herz öffnen und Ihr wahres Selbst zum Vorschein bringen.

Körperliche und geistige Fähigkeiten gezielt fördern

In den Tiefen der Weisheit der Shaolin-Künste liegt das Verständnis, dass der Körper und der Geist nicht getrennt sind, sondern eine untrennbare Einheit bilden. Das Streben nach Aufrichtigkeit, Gerechtigkeit und Rechtschaffenheit ist in der chinesischen Kultur ebenso tief verwurzelt wie das Streben nach körperlicher Gesundheit und Stärke. Jede Bewegung, die Sie ausführen, jede Haltung, die Sie einnehmen, hat die Fähigkeit, sowohl Ihre körperliche als auch Ihre geistige Verfassung zu formen und zu stärken. Aufrichtigkeit, Gerechtigkeit und Rechtschaffenheit - die folgenden Übungen dienen der Stärkung dieser Tugenden.

Audiodatei 5

Übung: Himmel anheben

Diese Übung ist eine zentrale Bewegung im Shaolin Training, die sowohl den physischen als auch den geistigen Körper stärkt und anregt. Hier ist eine schrittweise Anleitung:

- Starten Sie in einer aufrechten Position, wobei die Füße etwa schulterbreit voneinander entfernt stehen und die Knie sanft gebeugt sind. Ihre Füße sollten stabil am Boden verankert sein und das Gewicht sollte gleichmäßig auf den Fersen und dem Fußballen liegen.
- Nehmen Sie einen tiefen Atemzug und beginnen Sie langsam, Ihre Arme seitlich und nach oben zu schwingen. Ihre Handflächen sollten nach oben weisen, die Finger locker und leicht auseinander.
- Während Sie Ihre Arme heben, visualisieren Sie, dass Sie den Himmel über sich stützen und berühren. Fühlen Sie, wie sich Ihre Wirbelsäule streckt und jede Zelle in Ihrem Körper mit Lebenskraft gefüllt wird.
- Wenn Ihre Arme voll ausgebreitet sind, verharren Sie einige Augenblicke in dieser Position und konzentrieren Sie sich auf Ihren Atem. Atmen Sie tief und gelassen ein und aus und fühlen Sie die Verbindung zwischen Himmel und Erde, die durch Ihren Körper verläuft.

• Während Sie ausatmen, lassen Sie Ihre Arme sanft wieder sinken, als würden Sie all diese aufgenommene Energie zurück zur Erde führen.

• Wiederholen Sie diese Übung einige Male und lassen Sie Ihren Körper und Geist in das Empfinden von Aufrichtigkeit und Stärke eintauchen, die diese Bewegung hervorruft.

Die Übung ist nicht nur eine körperliche Bewegung, sondern auch eine spirituelle Praxis. Es geht darum, sich seiner eigenen Stärke bewusst zu werden, Verbindung und Harmonie mit der Welt um sich herum zu finden und einen Zustand der geistigen und physischen Ausgewogenheit zu erreichen.

Audiodatei 6

Übung: Der General überblickt das Feld

Dies ist eine Übung, die Ihnen helfen kann, das Prinzip von "Kai Huai" zu kultivieren, was Großzügigkeit und Großmut symbolisiert. Hier ist eine schrittweise Anleitung:

• Beginnen Sie diese Übung in einer stabilen, aufrechten Stehposition. Ihre Füße sollten etwa hüftbreit auseinander und parallel zueinanderstehen. Spüren Sie die Verbindung Ihrer Füße zur Erde und die Aufrichtung Ihrer Wirbelsäule zum Himmel.

• Atmen Sie tief ein und heben Sie langsam beide Arme seitlich auf Schulterhöhe an. Die Handflächen sollten nach unten zeigen, die Finger sind entspannt und leicht gespreizt.

• Halten Sie Ihre Schultern entspannt und lassen Sie Ihren Nacken lang sein, als ob Sie von oben an einem Faden gezogen würden. Dies ist die physische Manifestation von "Kai Huai", einem offenen und aufnahmebereiten Brustkorb.

• Lenken Sie Ihren Blick geradeaus, als ob Sie auf ein weites Feld blicken würden. Stellen Sie sich vor, Sie wären ein General, der einen umfassenden Überblick hat. Ihre Sicht ist weit und klar, Ihre Haltung ist entschlossen und gleichzeitig offen.

- Atmen Sie tief und ruhig, und während Sie dies tun, stellen Sie sich vor, wie Ihre Großzügigkeit sich genau wie Ihr Blick über das Feld ausbreitet. Lassen Sie Ihre Aufmerksamkeit und Ihr Mitgefühl auf alles richten, was sich in diesem imaginären Feld befindet.
- Verbleiben Sie einige Momente in dieser Position. Mit jedem Atemzug erweitern Sie Ihren Brustkorb, Ihr Herz und Ihren Geist.
- Beim Ausatmen senken Sie Ihre Arme langsam wieder und bringen sie zurück in die Ausgangsposition.
- Wiederholen Sie diese Übung einige Male und lassen Sie sich Zeit, um die Erfahrung der Weite und Offenheit, die sie fördert, zu vertiefen.

Dies ist mehr als nur eine körperliche Übung. Sie ist eine Übung der Großzügigkeit, der Großmut und der Offenheit des Herzens. Indem Sie diese Übung praktizieren, üben Sie sich in der Kunst, den Raum in Ihrem Herzen und in Ihrem Leben für andere zu öffnen und sich selbst und anderen gegenüber großzügig zu sein.

Audiodatei 7

Übung: Das Teilen des Wassers

Diese Übung lässt Sie die Harmonie und den Fluss des Universums spüren und unterstützt Sie dabei, in Ihrem Leben mehr Großzügigkeit und Mitgefühl zu entwickeln. Hier ist eine schrittweise Anleitung:

- Finden Sie einen stillen Ort, an dem Sie nicht gestört werden. Stehen Sie aufrecht, Ihre Füße sind hüftbreit auseinander. Stellen Sie sich vor, Sie stehen in der Mitte eines sanft fließenden Flusses.

• Schließen Sie Ihre Augen und nehmen Sie einen tiefen Atemzug. Beim Ausatmen entspannen Sie Ihren Körper und Ihren Geist und lassen alle Spannungen los.

• Heben Sie Ihre Arme und bringen Sie Ihre Handflächen vor Ihrer Brust zusammen, als ob Sie Wasser in Ihren Händen halten würden. Ihre Ellbogen sind leicht gebeugt, die Finger zeigen nach oben.

• Atmen Sie tief ein und beim Ausatmen, bewegen Sie Ihre Hände sanft und fließend von der Mitte Ihres Körpers zu den Seiten, als würden Sie das Wasser vor Ihnen teilen. Ihre Bewegung sollte so sanft und fließend wie das Wasser selbst sein.

• Stellen Sie sich vor, dass Sie mit dieser Bewegung nicht nur das Wasser, sondern auch Ihren inneren Raum teilen. Sie schaffen Platz in Ihrem Herzen und Ihrem Geist für Großzügigkeit und Mitgefühl.

• Bringen Sie Ihre Hände langsam zurück in die Mitte und wiederholen Sie die Bewegung. Mit jeder Wiederholung vertiefen Sie das Gefühl der Großzügigkeit und des Mitgefühls in sich.

• Praktizieren Sie "Das Teilen des Wassers" mehrere Male und lassen Sie die fließende Bewegung und die Vorstellung von Großzügigkeit und Mitgefühl zu einer meditativen Übung werden.

Diese Übung ist eine kraftvolle Praxis, um Ihr Herz und Ihren Geist für die Großzügigkeit zu öffnen. Indem Sie diese Übung regelmäßig praktizieren, können Sie Ihre Fähigkeit, Mitgefühl und Großzügigkeit zu zeigen, verstärken und vertiefen.

Audiodatei 8

Übung: Das Spiel des Vogels

Diese Übung lädt Sie ein, sich die Freiheit und die Weite des Himmels vorzustellen und diese in Ihrem Inneren zu spüren. Gehen Sie folgendermaßen vor:

- Beginnen Sie damit, einen geeigneten Ort zu finden, wo Sie ungestört sind. Stellen Sie sich in aufrechter Haltung hin, Ihre Füße sind schulterbreit auseinander.
- Schließen Sie Ihre Augen und nehmen Sie einen tiefen Atemzug. Beim Ausatmen lassen Sie alle Anspannungen los und bringen sich in einen Zustand der inneren Ruhe.
- Erheben Sie Ihre Arme seitlich bis zur Höhe Ihrer Schultern, wobei die Handflächen nach oben gerichtet sind, gleichsam wie die Flügel eines Vogels.
- Bewegen Sie nun Ihre Arme sanft auf und ab, als würden Sie durch die Luft gleiten. Ihre Bewegungen sollten geschmeidig und anmutig sein, ganz so, als würden Sie tatsächlich durch den Himmel fliegen.
- Während Sie diese Bewegungen ausführen, stellen Sie sich vor, wie Sie als Vogel hoch in den Himmel aufsteigen. Spüren Sie die Freiheit, die Unendlichkeit des Himmels, der Ihnen unendlich viel Raum bietet.
- Lassen Sie dieses Gefühl der Freiheit, Großzügigkeit und Weite in Ihrem Herzen und Ihrem Geist Platz greifen. Nehmen Sie wahr, wie dieses Gefühl Sie von innen erfüllt und Sie inspiriert.
- Führen Sie die Bewegung einige Minuten lang aus und versuchen Sie dabei, in diesem Zustand der geistigen Weite und Freiheit zu verweilen. Jede Bewegung, jeder Atemzug bringt Sie näher an dieses Gefühl der Unendlichkeit und Großzügigkeit heran.

Dies ist eine kraftvolle Methode, um Großzügigkeit und Weite in Ihrem Geist und Herz zu kultivieren. Sie erinnert uns daran, dass wir alle Teil des großen Ganzen sind, und hilft uns, diese Erkenntnis in unseren Alltag zu integrieren. Indem Sie diese Übung regelmäßig praktizieren, können Sie Ihre Fähigkeit, Mitgefühl und Großzügigkeit zu zeigen, weiter stärken.

Meditative Momente in der Natur

Die Tradition der Shaolin umfasst mehr als bloße Kampfkünste und physische Aktivitäten. Sie ist eine Weltanschauung, eine Philosophie, die sich im Wesentlichen auf die Kunst der Stille, der Kontemplation und der tiefen Verbindung mit der Natur konzentriert. Es handelt sich um ein bewusstes Innehalten, eine heilige Praxis, die hilft, uns auf den universellen Rhythmus einzustimmen und im Einklang mit ihm zu leben.

Audiodatei 9

Übung: Meditative Momente in der Natur

Stellen Sie sich vor, Sie betreten einen Wald. Der Anblick der mächtigen Bäume, die hoch in den Himmel ragen, ihre Blätter, die in einer symphonischen Melodie im Wind flüstern. Die Luft ist mit dem Aroma von feuchter Erde, Moos und frischen Blättern gesättigt, eine Wohltat für Ihre Sinne. Bei jedem Atemzug nehmen Sie diese belebende Waldluft auf, spüren, wie sie Ihre Lungen füllt, Ihren Körper erneuert und Ihren Geist klärt. Dies ist die Quintessenz des Waldbadens, oder *Shinrin-yoku*, wie es in Japan genannt wird, einer Praxis, die darin besteht, sich in die Stille der Natur zu vertiefen, um Heilung und Erneuerung zu erfahren. Mit jedem Schritt, den Sie tiefer in den Wald hineinnehmen, mit jedem Tasten der rauen Baumrinde, mit jedem tiefen Atemzug, den Sie ein- und ausatmen, werden Sie sich Ihrem wahren Selbst und Ihrem Platz in diesem wundervollen Universum bewusster. In diesen Momenten des völligen Eintauchens in die Natur, erlangen Sie eine Form der Meditation, die Ihr Bewusstsein erweitert und Ihnen hilft, das größere Ganze zu begreifen. Lassen Sie uns nun einen Moment innehalten und uns den Sonnenaufgang vorstellen. Sie stehen vor dem majestätischen Schauspiel, wie die ersten Strahlen der Sonne den Himmel in leuchtende Farben tauchen. Sie spüren, wie diese wärmenden Strahlen Ihr Gesicht berühren, Ihre Haut sanft erwärmen und Ihre

Augen erhellen. In dieser Stille des frühen Morgens, mit der aufgehenden Sonne vor Ihnen, haben Sie die Möglichkeit, eine einzigartige Form der Meditation zu praktizieren - die Sonnenmeditation. Sie begrüßen den neuen Tag, lassen die lebensspendende Energie der Sonne in sich einströmen und fühlen sich mit der universalen Kraft verbunden.

Die Praxis des Barfußlaufens auf der Erde führt Sie in eine weitere Dimension der Erdung. Sie fühlen die rohe Energie der Erde direkt unter Ihren Füßen, spüren die vitalisierende Kraft, die von ihr ausgeht. Dieser direkte Kontakt hilft Ihnen, sich zu erden, zu zentrieren und innere Ruhe zu finden. Es ist eine stille Konversation mit der Erde selbst, eine, die Sie an Ihre tiefgreifende Verbindung mit allem Leben und Ihre natürliche Präsenz in diesem Universum erinnert.

Diese Momente meditativer Ruhe in der Natur sind nicht nur heilsam für den Geist und Körper, sondern dienen auch als Erinnerung an die Weisheit und Schönheit, die in und um uns existiert. Sie erinnern uns an unsere wahre Natur, unsere tiefe Verbundenheit mit dem Universum und die Möglichkeit, ein erfülltes und bewusstes Leben zu führen.

Im nächsten Schritt werden wir uns tiefer in die Praktiken des Waldbadens, der Sonnenmeditation und des barfuß Laufens vertiefen, um eine klare und detaillierte Anleitung für jede dieser Übungen zu geben.

Audiodatei 10

Praxis: Der Pfad des flüsternden Waldes

- Suchen Sie einen Ort in der Natur, der sich ruhig und friedlich anfühlt. Ein Wald, ein Park oder ein natürlicher Raum mit Bäumen ist ideal.
- Lassen Sie Ihr Handy und andere Ablenkungen zurück, um sich vollständig auf die Erfahrung konzentrieren zu können.
- Betreten Sie den Wald mit Respekt und Dankbarkeit. Betrachten Sie diesen Moment als das Betreten eines heiligen Raumes.
- Bewegen Sie sich langsam und achtsam durch den Wald. Spüren Sie jeden Schritt, den Sie auf dem Boden nehmen. Hören Sie auf die Geräusche um Sie herum - das Rascheln der Blätter, das Zwitschern der Vögel.
- Atmen Sie tief ein und aus. Stellen Sie sich vor, wie Sie mit jedem Atemzug die frische, sauerstoffreiche Luft aufnehmen und mit jedem Ausatmen Stress und Sorgen loslassen.
- Wenn Sie an einem Baum vorbeikommen, der Ihre Aufmerksamkeit erregt, zögern Sie nicht, ihn zu berühren. Fühlen Sie die Rinde, die Textur, die Energie des Baumes.
- Suchen Sie einen angenehmen Ort, an dem Sie sitzen oder stehen können, schließen Sie die Augen und lenken Sie Ihre Aufmerksamkeit

auf Ihre Sinneswahrnehmungen. Was ist hörbar, welcher Duft liegt in der Luft, welche Empfindungen können Sie wahrnehmen?

- Lassen Sie Ihre Gedanken wie Windböen, die Blätter verwehen, vorbeiziehen. Versuchen Sie nicht, sie zu lenken, sondern betrachten Sie sie einfach nur.
- Beenden Sie Ihre Praxis mit einer Geste der Dankbarkeit. Dies könnte ein einfaches "Danke" sein oder eine physische Geste wie eine Verbeugung.
- Machen Sie das Waldbaden zu einem regelmäßigen Teil Ihrer Praxis. Jedes Mal, wenn Sie sich in der Natur aufhalten, werden Sie neue Ebenen der Verbindung und des Verständnisses entdecken.

Diese Praxis des Waldbadens ist eine wundervolle Möglichkeit, sich zu erden, die Natur auf tiefere Weise zu schätzen und inneren Frieden zu finden.

Audiodatei 11

Praxis: Der Tanz der erwachenden Sonne

- Finden Sie einen Platz, an dem Sie den Beginn des Tages in Ruhe miterleben können. Es könnte ein friedlicher Ort in der freien Natur sein oder vielleicht Ihr eigener Balkon oder Garten.
- Positionieren Sie sich so, dass Sie Richtung Osten schauen, wo die Sonne ihren Aufgang nimmt. Ihre Füße sollten ungefähr so weit auseinander stehen wie Ihre Hüften, Ihre Knie ein wenig gebeugt und Ihr Rücken aufrecht sein.
- Während Sie auf das erste Licht des Tages warten, schließen Sie Ihre Augen und lenken Sie Ihre Aufmerksamkeit auf Ihren Atem. Atmen Sie ruhig und tief durch die Nase ein und wieder aus.

• Mit den ersten Sonnenstrahlen, die den Himmel aufhellen, öffnen Sie die Augen und betrachten Sie den Sonnenaufgang. Lassen Sie das Bild des erwachenden Tages Ihr Herz und Ihren Geist erfüllen.

• Breiten Sie Ihre Arme seitlich aus, mit den Handflächen nach oben gerichtet. Visualisieren Sie, wie die Energie der aufgehenden Sonne in Ihre Handflächen einströmt, durch Ihre Arme Ihren Körper erreicht und Sie innerlich erwärmt und belebt.

• Nachdem die Sonne vollständig aufgegangen ist, legen Sie die Hände auf das Herz und verweilen Sie einen Moment in Stille, um die erneuernde Energie der Sonne und die Ruhe des Morgens in sich aufzunehmen. Danken Sie der Sonne und dem neuen Tag, der vor Ihnen liegt.

• Versuchen Sie, diese Praxis regelmäßig in Ihren Tagesablauf zu integrieren. Sie können sie als Teil Ihrer morgendlichen Routine ausüben, um den Tag energetisch und achtsam zu beginnen.

Die "Tanz der Erwachenden Sonne"-Praxis betont die Verbindung mit dem Zyklus der Natur und die Fähigkeit, Energie und Erneuerung aus den täglichen Rhythmen des Universums zu ziehen. Es geht darum, das Erwachen des Tages als einen heiligen Moment zu erkennen und zu ehren, und sich dabei bewusst zu sein, dass jeder neue Tag eine Gelegenheit zur Erneuerung und zum Wachstum bietet.

Audiodatei 12

Praxis: Der Pfad der Erdung

• Suchen Sie einen natürlichen Ort mit Gras, Sand oder Erde, auf dem Sie sicher barfuß laufen können. Es kann ein Garten, ein Park, ein Waldweg oder ein Strand sein.

• Entfernen Sie Ihre Schuhe und Socken. Stehen Sie still und fühlen Sie den Kontakt Ihrer Füße mit dem Boden. Spüren Sie die Textur und Temperatur der Erde unter Ihren Füßen.

• Beginnen Sie langsam zu gehen, setzen Sie einen Fuß vor den anderen und spüren Sie den Boden unter jedem Schritt. Achten Sie darauf, dass Sie jeden Teil Ihres Fußes vom Ballen über den Mittelfuß bis zur Ferse bewusst auf den Boden drücken.

• Lenken Sie Ihre volle Aufmerksamkeit auf die Empfindungen in Ihren Füßen. Spüren Sie die Erde, das Gras oder den Sand unter Ihren Füßen. Fühlen Sie die sanfte Massage, die der Boden Ihren Fußsohlen bietet.

• Atmen Sie tief und gleichmäßig. Stellen Sie sich vor, dass mit jedem Atemzug Energie aus der Erde durch Ihre Füße hinauf in Ihren Körper fließt, und mit jedem Ausatmen Stress und Spannungen durch Ihre Füße in die Erde abfließen.

• Beenden Sie die Praxis, indem Sie stehen bleiben, Ihre Hände auf Ihr Herz legen und einen Moment der Stille genießen. Danken Sie der Erde für die Unterstützung und die Energie, die sie Ihnen gibt.

• Sie können diese Praxis jederzeit durchführen, wenn Sie sich in der Natur aufhalten oder einen Moment der Erdung und Zentrierung brauchen.

Der "Pfad der Erdung" lädt Sie dazu ein, sich an die ursprüngliche Verbindung zwischen dem menschlichen Körper und der Erde zu erinnern. Diese einfache Praxis kann dazu beitragen, Stress abzubauen, die Aufmerksamkeit zu schärfen und ein Gefühl der Verbundenheit und Erdung zu fördern.

DEM GUTEN IN SICH UND ANDEREN BEGEGNEN

3. "Hege tiefste Achtung für deine Eltern, ehrfürchtigen Respekt für das Alter und schützende Liebe für die Jüngeren: Das ist der harmonische Fluss des Seins, wie ihn die Shaolin lehren."

In der Tiefe Ihrer Existenz liegt eine wichtige Quelle der Weisheit: Ihre Emotionen. Diese spiegeln Ihre innere Welt und die Energien, die Sie umgeben, wider. Wie ein See reflektieren Ihre Emotionen die Eindrücke und Schwingungen, die sie treffen, und beeinflussen somit nicht nur Ihr inneres Sein, sondern auch Ihr äußeres Umfeld. Dabei kommt es darauf an, ein tiefes Bewusstsein für Ihre Emotionen zu entwickeln. Es beginnt damit, Ihre Emotionen zu beobachten und zu benennen. Dieser Prozess hilft nicht nur beim Verständnis eigener Emotionen, sondern fördert auch Empathie und Mitgefühl. Durch das Erkennen und Verstehen Ihrer Emotionen können Sie Ihr eigenes Leben und das Leben der Menschen um Sie herum positiv beeinflussen. Eine hilfreiche Frage hierbei ist: "Dient es mir und anderen?"

Schließlich geht es darum, die Verbundenheit allen Lebens zu verstehen und zu akzeptieren. Dies bedeutet, eine Akzeptanz für alle Emotionen zu entwickeln, sowohl die angenehmen als auch die unangenehmen, und sie als Teil des menschlichen Erlebens zu sehen.

Der Spiegel der Emotionen

Betrachten Sie Ihre Emotionen als einen geheimnisvollen, unendlich reflektierenden Spiegel. In diesem Spiegel werden nicht nur Ihre eigenen inneren Zustände wiedergegeben, sondern auch die subtilen Energien der Menschen und der Umgebung, die Sie umgeben. Wie ein See, der das flüchtige Bild des Himmels einfängt, nimmt der Spiegel Ihrer Emotionen ständig die Eindrücke und Schwingungen auf, die auf ihn treffen, und wirft sie zurück in die Welt. Erkennen Sie, dass es nicht nur die Menschen um Sie herum sind, die Sie prägen, sondern dass Sie ebenfalls einen wesentlichen Einfluss auf sie ausüben. Wie eine Welle, die sich vom Zentrum eines Teichs ausbreitet, so breiten sich auch Ihre Emotionen aus und beeinflussen die Menschen und die Umgebung um Sie herum. Ein freundliches Lächeln kann den Tag eines Fremden erhellen, während ein missmutiger Blick Unbehagen und Unsicherheit verbreiten kann.

Erkennen Sie die immense Macht, die Ihre Emotionen haben. Nicht nur formen sie Ihre innere Welt, sondern sie haben auch die Macht, die äußere Welt zu formen. Ihre Gefühle, Ihre Stimmungen, Ihre Einstellungen - all das strahlt von Ihnen aus und beeinflusst die Welt um Sie herum.

Um jedoch diese Macht effektiv nutzen zu können, ist es wichtig, Bewusstheit über Ihr Innenleben zu erlangen. Übungen, die darauf abzielen, das Bewusstsein für Ihre Emotionen zu schärfen, können hierbei äußerst hilfreich sein. Beginnen Sie damit, Ihre Emotionen zu beobachten. Was fühlen Sie in diesem Moment? Können Sie dieses Gefühl benennen? Wo in Ihrem Körper können Sie es fühlen?

Übung: Das Bewusstsein schärfen

- Finden Sie einen ruhigen und bequemen Ort, an dem Sie sich entspannen können. Das kann ein Raum in Ihrem Zuhause sein, ein ruhiger Ort in der Natur oder ein Ort Ihrer Wahl.
- Nehmen Sie eine bequeme Haltung ein, die es Ihnen erlaubt, für einige Minuten still zu sitzen. Sie können sitzen, liegen oder stehen, je nachdem, was für Sie am angenehmsten ist.
- Lassen Sie Ihre Augen zu und richten Sie Ihren Fokus auf Ihren Atem. Fühlen Sie, wie der Atem durch Ihre Nase fließt und wie er Ihren Körper wieder verlässt.
- Beginnen Sie anschließend, Ihren Fokus auf Ihre aktuellen Gefühle zu legen. Was empfinden Sie gerade? Versuchen Sie, dieses Empfinden zu identifizieren. Ist es Freude, Melancholie, Wut, Furcht, Gelassenheit oder etwas anderes?
- Versuchen Sie dann, die physische Präsenz dieses Gefühls in Ihrem Körper zu ermitteln. Wo nehmen Sie es am deutlichsten wahr? In Ihrer Brust? Im Magen? Im Halsbereich?
- Stellen Sie sich vor, wie Sie diesem Empfinden Platz geben. Vermeiden Sie es, es verändern oder beurteilen zu wollen. Akzeptieren Sie es einfach, wie es ist.
- Nehmen Sie sich einige Minuten Zeit, um dieses Gefühl zu beobachten. Wie entwickelt es sich mit der Zeit? Wird es intensiver oder lässt es nach? Bewegt es sich innerhalb Ihres Körpers?
- Wenn Sie dazu bereit sind, richten Sie Ihren Fokus erneut auf Ihren Atem. Atmen Sie ein paar Mal tief durch und öffnen Sie dann allmählich Ihre Augen.
- Schließen Sie die Übung mit einem Moment der Dankbarkeit ab. Danken Sie sich selbst dafür, den Mut aufgebracht zu haben, sich Ihren Emotionen zu widmen und sie besser zu begreifen.

Mit der Zeit werden Sie feststellen, dass Sie nicht nur Ihre Emotionen besser verstehen, sondern auch besser damit umgehen können. Sie werden lernen, sie zu akzeptieren, ohne sich von ihnen überwältigen zu lassen, und Sie werden lernen, sie zu nutzen, um Ihr eigenes Leben und das Leben der Menschen um Sie herum positiv zu beeinflussen. Durch diese bewusste Arbeit mit Ihren Emotionen werden Sie zu einem Meister Ihres eigenen Spiegels der Emotionen.

Dient es mir und anderen?

Innerhalb der zahlreichen Verzweigungen des Lebens, bei all den Entscheidungen, die Sie treffen, ob sie klein oder groß sind, stellen Sie sich eine einfache, aber kraftvolle Frage: "Ist es zum Wohle von mir und anderen?" Diese Frage dient als Wegweiser, der Sie durch das komplexe Labyrinth des Lebens leitet. Sie erinnert Sie daran, dass Sie Teil eines umfassenderen Zusammenhangs sind und dass Ihr Wohlbefinden und Ihre Zufriedenheit untrennbar mit dem Wohl und der Freude anderer verknüpft sind. Stehen Sie vor einer herausfordernden Entscheidung, gönnen Sie sich einen Moment der Ruhe und stellen Sie sich diese Frage tief in Ihrem Inneren. Lassen Sie die Antwort aus Ihrem Innersten emporsteigen, hören Sie auf die zarte Stimme Ihrer innewohnenden Weisheit. Diese Frage ist nicht nur ein Entscheidungsleitfaden, sondern auch eine Aufforderung zur Selbstreflexion und Selbstbeobachtung.

In dieser Frage liegt die Anerkennung der grundlegenden menschlichen Verbundenheit und der universellen Werte von Mitgefühl und Großzügigkeit. Sie ist eine Erinnerung daran, dass wahres Glück nicht nur darin besteht, für das eigene Wohl zu sorgen, sondern auch das Wohl anderer zu berücksichtigen. Im Idealfall sollten Ihre Handlungen und Entscheidungen nicht nur Ihnen selbst oder einer bestimmten Gruppe von Menschen dienen, sondern auch zum höheren Gemeinwohl beitragen. Dieser Grundsatz erweitert den Horizont Ihres Denkens und Handelns und führt Sie zu einer tieferen

Wertschätzung und einem umfassenderen Verständnis der Interdependenz allen Lebens. Es geht nicht darum, das eigene Wohl zu opfern, sondern um ein erweitertes Verständnis von Wohlbefinden, das das individuelle Selbst und das kollektive Ganze umfasst. Es ist ein Pfad der Weisheit und des Mitgefühls, der Sie zu einer tiefen Zufriedenheit und zu einem erfüllten Leben führt.

Gutes in die Welt tragen

Wie ein Stein, der sanft in einen stillen Teich fällt und sanfte Wellen erzeugt, die sich über die Wasseroberfläche ausbreiten, so ist die Energie, die Sie in die Welt hinaussenden. Sie mag unsichtbar sein, aber sie ist dennoch real, eine feine Schwingung, die das Universum durchdringt und von anderen gespürt wird. Im Zen-Buddhismus gibt es eine Lehre, die besagt: "*Das ganze Universum ist in einem Grashalm enthalten.*" Gleiches gilt für Ihre Gedanken, Worte und Handlungen. Das Gute, das Sie in die Welt hinaussenden, ist nicht nur ein Akt der Güte für andere, sondern auch ein Akt der Güte für sich selbst. Es erfüllt Sie mit einem Gefühl des Friedens und der Zufriedenheit, das Sie sonst nirgendwo finden können. Betrachten Sie das Phänomen des Lächelns. Wenn Sie lächeln, selbst wenn es nur ein kleines, kaum wahrnehmbares Lächeln ist, hat dies einen bemerkenswerten Einfluss. Nicht nur ändert es Ihre eigene Stimmung zum Besseren, sondern es kann auch das Herz der Menschen, denen Sie begegnen, erhellen. Ein Lächeln ist ein einfacher Akt der Güte, aber es hat die Macht, Wellen der Positivität in die Welt zu senden. Diese Art von positiver Energie, die Sie hervorbringen, ist das, was die Shaolin "Das Gute in die Welt tragen" nennen. Doch das Tragen des Guten ist nicht nur ein Geben, es ist auch ein Empfangen. Wenn Sie sich dafür entscheiden, eine positive Energie in die Welt zu senden, öffnen Sie sich auch für den Empfang positiver Energie. Sie ziehen Gutes an, weil Sie Gutes aussenden. Sie schwingen auf der Frequenz der Freundlichkeit, der Großzügigkeit und der Liebe, und ziehen mehr davon in Ihr Leben. Es ist ein

universelles Prinzip, das auf dem Verständnis der energetischen Gesetze des Universums basiert.
Nun zu einer Praxis, die dazu beitragen kann, diese schönen Aspekte des Lebens zu kultivieren: das Setzen positiver Absichten, oder wie es im Shaolin-Tempel genannt wird, "Das Ritual der Erleuchteten Absicht".

Übung: Das Ritual der erleuchteten Absicht

- Suchen Sie nach einem stillen Platz, wo Sie ohne Störungen sein können. Nehmen Sie eine bequeme Sitzposition ein und lassen Sie Ihre Augen zu. Nehmen Sie mehrere tiefe Atemzüge, um Ihren Fokus zu schärfen und Ihren Verstand zur Ruhe zu bringen.
- Stellen Sie sich eine Quelle reiner, weißer Energie in Ihrem Herzen vor. Diese Energie ist Liebe, Güte, Mitgefühl - all das Gute, das Sie in die Welt hinaustragen möchten.
- Wählen Sie eine positive Absicht aus. Es kann etwas sein, das Ihnen am Herzen liegt, etwas, das Sie in Ihrem Leben oder in der Welt sehen möchten. Es könnte so etwas sein wie "Ich möchte mehr Geduld haben" oder "Ich möchte mehr Freundlichkeit in der Welt sehen".
- Konzentrieren Sie sich auf diese Absicht und visualisieren Sie, wie sie als leuchtende Energie in Ihrem Herzen entsteht. Stellen Sie sich vor, wie diese Energie mit jedem Atemzug wächst und sich ausbreitet.
- Visualisieren Sie, wie diese positive Energie Ihren Körper verlässt und sich in die Welt hinaus ausbreitet, wie Wellen, die sich auf einem Teich ausbreiten. Fühlen Sie, wie diese Energie andere Menschen berührt und ihr Leben zum Besseren verändert.
- Beenden Sie die Übung mit ein paar tiefen Atemzügen und öffnen Sie dann langsam Ihre Augen. Tragen Sie diese Absicht im Herzen und erinnern Sie sich daran, während Sie Ihren Tag durchleben.

Hinweis:
Dies ist eine kraftvolle Übung, um Ihr Bewusstsein zu erweitern und die Fähigkeit zu entwickeln, bewusst Gutes in die Welt zu tragen. Sie hilft Ihnen, Ihre innere Weisheit zu entfalten und Ihren Geist in eine Richtung zu lenken, die nicht nur Ihr eigenes Wohlbefinden, sondern auch das Wohl aller Wesen fördert.

EINSATZ FÜR GERECHTIGKEIT

4. "Setze dich für Gerechtigkeit ein, sei weise und mutig: Dies ist der Ruf der Gerechtigkeit der Shaolin."

Das Streben nach Gerechtigkeit und die Bereitschaft, gegen Ungerechtigkeit und Unterdrückung anzukämpfen, sind wesentliche Bestandteile der Shaolin-Philosophie. Sie laden uns ein, diese Werte auch in unserem eigenen Leben zu verkörpern und sie in unsere alltäglichen Handlungen und Entscheidungen einfließen zu lassen. Sie ermutigen uns, den Geist des Kriegers zu kultivieren - einen Geist, der bereit ist, sich für das Richtige einzusetzen, der tapfer und entschlossen gegen Ungerechtigkeit ankämpft, und der sich dem Wohlergehen seiner Gemeinschaft verpflichtet fühlt. Doch diese Kriegermentalität ist nicht nur auf physische Auseinandersetzungen beschränkt. Sie umfasst auch die Entwicklung von Weisheit und Bewusstsein, die Erkenntnis, dass unsere Taten Konsequenzen haben, und die Bereitschaft, diese Konsequenzen anzunehmen. Sie beinhaltet das Bewusstsein für das Gleichgewicht zwischen Selbst und Gemeinschaft, zwischen dem Streben nach persönlichem Wohlstand und der Pflicht gegenüber der Gesellschaft.

Trauen Sie sich, den Mut und die Weisheit der Shaolin-Tradition in Ihrem eigenen Leben zu kultivieren. Dies wird Sie dazu herausfordern, Ihre eigene Rolle im Kampf für Gerechtigkeit zu übernehmen und die Kriegermentalität zu entwickeln, die es Ihnen ermöglicht, gegen Ungerechtigkeit und Unterdrückung in Ihrer Umgebung anzukämpfen. Ein Bestreben, das Sie dazu inspiriert, die Lehren der Shaolin in Ihrem Leben zu verinnerlichen und ein aktiver Mitgestalter Ihrer eigenen Realität und der Welt um Sie herum zu sein.

Der Kampf für Gerechtigkeit

Die Shaolin-Tradition zeichnet sich durch eine beeindruckende Historie aus, die sich auf den Schutz von Gerechtigkeit und Recht konzentriert. Die Mönche haben konsequent unterstützenswerte Regierungen beschützt und tyrannische Herrscher mit tapferem Durchhaltevermögen gestürzt. Ihre außergewöhnlichen Kampfkünste dienten nie der Machtgewinnung oder der Selbstaufwertung, sondern waren stets im Interesse des Gemeinwohls. Dieses feste Engagement für das Gemeinwohl ist ein Schlüsselelement der Shaolin-Philosophie und -Praxis. Sie sind in Ihrem Leben ebenfalls dazu aufgefordert, für Rechtschaffenheit einzutreten und gegen unterdrückende Kräfte zu kämpfen, wann immer Sie auf sie stoßen. Das bedeutet nicht, dass Sie zur physischen Gewalt greifen sollten, sondern vielmehr, dass Sie die Haltung eines Kriegers kultivieren sollten - eine Haltung, die tapfer, zielstrebig und aufmerksam ist, bereit, für das zu kämpfen, was fair und gerecht ist. Die Kriegerethos umfasst mehr als nur körperliche Kraft oder Aggression. Sie beinhaltet auch Weisheit, Durchhaltevermögen und das Bewusstsein, dass unsere Handlungen und Entscheidungen Auswirkungen haben, sowohl auf uns selbst als auch auf die Welt um uns herum. Kultivieren Sie eine auf Gerechtigkeit ausgerichtete Kriegerethos, und Sie werden eine Stütze der Stärke und des Muts für Ihre Gemeinschaft sein.

Lernen Sie, die Welt mit den Augen eines Kriegers zu betrachten. Sehen Sie die Ungerechtigkeiten und Herausforderungen in Ihrer Umgebung und haben Sie den Mut, sich ihnen zu stellen. Nutzen Sie Ihre Stärke und Weisheit, um Gleichgewicht und Harmonie zu fördern und Ungerechtigkeiten zu bekämpfen.

Tipp:
Erinnern Sie sich stets daran, dass die Kriegermentalität nicht bedeutet, unnötig in Konflikte einzusteigen oder sich in Kämpfe zu stürzen, sondern vielmehr, bereit zu sein, sich für das Richtige einzusetzen und Ungerechtigkeit entschieden entgegenzutreten.

Sie tragen in sich die Fähigkeit, die Welt zu einem gerechteren und liebevolleren Ort zu machen. Sie besitzen die Kraft, die notwendig ist, um das Gleichgewicht zu wahren und Gerechtigkeit zu fördern. Mit der weisen Führung der Shaolin-Prinzipien und dem Mut des Kriegers in Ihrem Herzen können Sie ein wahrer Beschützer der Gerechtigkeit und ein Pfeiler der Stabilität in Ihrer Gemeinschaft sein. Nehmen Sie die Verantwortung auf sich, Gerechtigkeit in Ihrem Leben zu suchen und zu schaffen. Entwickeln Sie die Kriegermentalität, die es Ihnen ermöglicht, sowohl für sich selbst als auch für andere einzustehen. Mit dieser Mentalität werden Sie nicht nur zu einem Verteidiger der Gerechtigkeit, sondern auch zu einem Gestalter Ihres eigenen Schicksals.

Verinnerlichen Sie die Lehren der Shaolin, streben Sie danach, der Gerechte Krieger zu sein, der Sie sein können. Lassen Sie Gerechtigkeit nicht nur ein Ideal sein, das Sie bewundern, sondern eine Realität, die Sie aktiv gestalten und leben. So werden Sie den wahren Geist der Shaolin verkörpern und das vierte Gesetz in Ihr Leben integrieren: Setzen Sie sich für Gerechtigkeit ein und seien Sie weise und mutig.

Spirituelles Wachstum durch fairen Umgang mit Anderen

Die Shaolin-Tradition lehrt uns, dass das Universum ein miteinander verflochtenes Netzwerk ist und jede Handlung und Absicht, die wir auf andere richten, zu uns zurückkehrt. Somit formt jede Interaktion mit anderen unsere Realität und beeinflusst unsere Selbstwahrnehmung. Faire Behandlung von anderen ist essenziell für spirituelles

Wachstum. Wenn wir anderen mit Respekt und Güte begegnen, wird dies auf uns reflektiert und stärkt unsere innere Persönlichkeit. Es handelt sich hierbei nicht nur um ein moralisches Gebot, sondern auch um einen Weg zur Selbstentfaltung, zur Stärkung unserer inneren Harmonie und zur Förderung eines tieferen Verständnisses der wechselseitigen Verbindung aller Wesen. Indem wir Liebe, Respekt und Fairness in die Welt senden, verbessern wir unser Selbstbild, erkennen unsere Fähigkeit, Güte und Gerechtigkeit zu verbreiten, und fördern unsere Selbstachtung. Jede Handlung, Geste und Absicht hat eine Resonanz und durch das Streben nach Fairness in jedem Moment, fördern wir unser spirituelles Wachstum.

Leben Sie diese Prinzipien, sehen Sie jede Interaktion als eine Gelegenheit zur Selbstverbesserung und spirituellen Entwicklung. Lassen Sie die Lehren der Shaolin Ihr Leben durchdringen und formen Sie so Ihr Inneres und Äußeres. Dann wird das Echo Ihrer Handlungen eine Melodie von Gerechtigkeit, Fairness und spirituellem Wachstum sein.

Mut und Weisheit

Die Shaolin-Lehre betont die Wahrheit, dass echtes Leben und Wachstum jenseits unserer Komfortzone existieren. Die Komfortzone, obwohl vertraut und sicher, begrenzt uns und hält uns von der Entfaltung unseres vollen Potenzials ab.

Als Wesen des Wandels und der Entwicklung ist Mut der Schlüssel, der uns hilft, die Komfortzone zu überwinden. Mut, das vierte Shaolin-Gesetz, erhellt die Dunkelheit der Unsicherheit und ermutigt uns, in das Unbekannte vorzudringen. Der damit verbundene Schmerz ist ein Zeichen für Wachstum und Selbstentwicklung, ein Indikator dafür, dass wir in ein Reich unbegrenzter Möglichkeiten eintreten. Am Ende dieses Weges wartet Weisheit - das Licht, das uns im Unbekannten führt. Sie ist das Geschenk, das uns nach mutigen Entscheidungen und dem Verlassen der Komfortzone gegeben wird. Als Shaolin-Krieger wird man ermutigt, mutig zu sein, den Schmerz als Wachstumsindikator zu akzeptieren und die Weisheit des Lebens zu begrüßen.

Mut soll unsere Führung und Weisheit unser Lehrer sein. Jede überwundene Herausforderung wird uns mit Weisheit belohnen. Dies ist der Weg der Shaolin und der Tanz des Lebens. Wir sind aufgerufen, uns vom Mut und der Weisheit leiten zu lassen und das Leben in all seiner Schönheit zu tanzen.

5. "Vermeide Undankbarkeit und Skrupellosigkeit, achte die Gesetze von Mensch und Himmel: Das ist die Würde des Lebens, wie sie die Shaolin lehren."

Im unermesslichen Kosmos entdecken wir eine Ordnung, die sich in allen Aspekten des Lebens und in uns selbst widerspiegelt. Diese Ordnung entsteht aus den Grundgesetzen der Natur und ist nicht zufällig. Unsere Aufgabe besteht darin, diese Ordnung zu erkennen und ihr zu folgen. Dies bedeutet, alles an seinen richtigen Platz zu bringen und in Harmonie zu leben, was zu greifbaren Fortschritten führt. In Zeiten, in denen wir von diesem Weg abkommen, erinnert uns das Phänomen des Karmas an unsere Fehltritte und fordert uns auf, einen Weg zur Korrektur zu finden. Dieser Schmerz sollte nicht als Bestrafung, sondern als Signal gesehen werden, um Fehler zu erkennen und ihre Ursachen zu erforschen. Karma sollte als Lebenslektion verstanden werden, wobei der Fokus auf dem Streben nach Verständnis und Verbesserung liegen sollte.

Das universelle Prinzip der Wiederholung, das sich in der Natur und in uns selbst manifestiert, bietet immer wieder Chancen für Wachstum und Verbesserung. Diese Erkenntnis leitet uns in den nächsten Abschnitt unserer Reise: eine Reise der Selbsterkenntnis, Reflexion und des ständigen Lernens, die uns die Gesetze von Mensch und Himmel näher bringt und einen Weg zur wahren Harmonie aufzeigt. Mögen Sie in diesem Prozess die Klarheit und Weisheit finden, die Sie suchen.

Die Ordnung des Lebens

Die Ordnung des Universums, von den kleinsten Naturdetails bis hin zu den größten kosmischen Zyklen, ist ein fundamentales Prinzip, das tiefe Schönheit und Notwendigkeit offenbart. Als Teil dieser Ordnung sind Sie dazu aufgerufen, dieses Prinzip in Ihr Leben zu integrieren und damit Klarheit und Lösungen für Ihre Herausforderungen zu finden. Die Schaffung von Ordnung bedeutet nicht das Befolgen starrer Regeln oder das Füllen leerer Räume. Vielmehr bedeutet es, alles an seinen rechtmäßigen Platz zu bringen, das natürliche Gleichgewicht zu respektieren und die Einzigartigkeit jedes Moments zu würdigen.

Es bedeutet, Harmonie und Respekt in sich und um sich herum zu fördern, wobei jedes Element seinen individuellen Wert und Beitrag erkennt und schätzt. Es ist ein Weg, sich und die Welt um sich herum so zu organisieren, dass ein Gefühl der Einheit, Balance und Zufriedenheit entsteht.

Übung: Harmonie mit der kosmischen Ordnung

- Platzwahl und Haltung

Finden Sie einen Ort der Ruhe, an dem Sie ungestört sind. Ein Platz in der Natur wäre optimal, doch auch ein ruhiges Zimmer in Ihrem Zuhause kann passend sein. Nehmen Sie eine aufrechte, aber gelassene Haltung ein - sei es stehend, sitzend oder im Lotossitz, was immer Ihnen am angenehmsten ist. Platzieren Sie Ihre Hände auf Ihren Knien und lassen Sie Ihre Augen zu.

- Innerer Frieden und Fokussierung

Atmen Sie ruhig und tief ein, halten Sie einen Moment den Atem an und lassen Sie ihn dann langsam wieder aus. Wiederholen Sie diesen Prozess ein paar Mal, bis Sie einen Zustand der inneren Ruhe erreicht haben.

- Bewusstwerdung der natürlichen Ordnung

Stellen Sie sich vor, wie die Energie des Universums - das Chi - in Sie einfließt und wieder aus Ihnen herausfließt. Visualisieren Sie, wie sie durch jeden Teil Ihres Körpers fließt, und lassen Sie sich von diesem Gefühl der Verbundenheit mit dem Kosmos erfüllen.

- Harmonisierung mit der kosmischen Ordnung

Jetzt, da Sie sich Ihrer Verbundenheit mit dem Kosmos bewusst sind, stellen Sie sich vor, wie Sie sich in die kosmische Ordnung einfügen. Jedes Element in Ihnen - Ihre Gedanken, Ihre Emotionen, Ihr physischer Körper - hat seinen eigenen Platz und seine eigene Funktion innerhalb dieses größeren Ganzen.

- Akzeptanz und Dankbarkeit

Nehmen Sie diese Ordnung an und fühlen Sie Dankbarkeit dafür. Auch wenn es manchmal Herausforderungen und Hindernisse gibt, sind sie Teil dieser kosmischen Ordnung und bieten Gelegenheiten zum Lernen und Wachstum.

- Rückkehr in die Gegenwart

Kehren Sie langsam in Ihre normale Atmung zurück und öffnen Sie sanft Ihre Augen. Gönnen Sie sich ein wenig Zeit, um das Gefühl der Harmonie und Verbundenheit mit der kosmischen Ordnung aufrechtzuerhalten, bevor Sie Ihren Tag fortsetzen.

Hinweis:
Diese Übung kann regelmäßig durchgeführt werden, um ein tieferes Verständnis der kosmischen Ordnung zu entwickeln und um sich bewusst darin zu verankern.

Dies ist der Weg der Shaolin, ein Weg der Harmonie und des Gleichgewichts, ein Weg, der Sie dazu ermutigt, sich der kosmischen Ordnung zu öffnen und sie in Ihr Leben zu integrieren. Ein Weg, der Ihnen zeigt, wie Sie durch die Anerkennung und Pflege der natürlichen Ordnung in Ihrem eigenen Leben zu einem aktiven Mitgestalter Ihrer Realität und der Welt um Sie herum werden können.

Gleiches zieht Gleiches an

In der Einheit der Existenz, im sanften Fluss des Dao, ist alles miteinander verbunden. Und in dieser engen Verflechtung, liegen Spiegelungen und Resonanzen, die ein tieferes Verständnis Ihres eigenen Selbst ermöglichen. So, wie der Morgen den Abend benötigt, um seine

Bedeutung zu entfalten, so hilft uns das Prinzip des Karmas dabei, unser eigenes Handeln in einem größeren Zusammenhang zu verstehen. Jede Ihrer Handlungen sendet Wellen aus, die auf den endlosen Teich der Existenz treffen und zurückkehren - dieses Echo ist Karma.

Exkurs: Das Dao und Karma - Harmonie und Ausgleich im Kosmos

Das Dao, auch als Tao bekannt, ist ein grundlegendes Konzept in der östlichen Philosophie und Spiritualität, insbesondere im Daoismus. Es bezeichnet den natürlichen, unaufhörlichen Fluss des Universums und seiner Energie. In der Übersetzung bedeutet Dao "Weg", doch es reicht weit über den Begriff eines einfachen Pfades hinaus. Es ist das Gesetz der Natur, das Gleichgewicht aller Dinge und das Prinzip, welches das gesamte Sein durchdringt und leitet.

Karma, ein Begriff, der in verschiedenen östlichen Religionen und Philosophien eine zentrale Rolle spielt, insbesondere im Buddhismus und Hinduismus, harmoniert auf interessante Weise mit dem Konzept des Dao. Karma bezieht sich auf die spirituelle Idee von Ursache und Wirkung, auf die Gesetzmäßigkeit, dass jede Handlung unausweichlich Konsequenzen hat - gute Handlungen führen zu positiven Konsequenzen, negative Handlungen zu negativen.

Die Verbindung zwischen Dao und Karma ist eine des natürlichen Flusses und des Ausgleichs. Das Dao symbolisiert den ewigen Fluss des Universums, die ständige Bewegung und Veränderung, das Gleichgewicht, das in allem besteht. Karma repräsentiert das Prinzip der Harmonie in diesem Fluss - dass jede Handlung, jedes Wort, jeder Gedanke seine Resonanz hat und dazu beiträgt, das Gleichgewicht des Universums zu formen und zu bewahren.

Wenn Sie das Dao in Ihrem Leben kultivieren, streben Sie danach, sich mit diesem natürlichen Fluss des Seins zu vereinen, seine Muster zu erkennen und in Harmonie mit ihnen zu handeln. Wenn Sie das Prinzip des Karmas verstehen und anerkennen, sind Sie sich der

Tragweite Ihrer Handlungen bewusst und bemühen sich, positive Energie in die Welt zu senden, um positive Resonanzen zu erzeugen.

Die Betrachtung von Dao und Karma gemeinsam lehrt eine wichtige Lektion: dass wir keine isolierten Wesen sind, sondern Teil eines dynamischen, wechselnden Kosmos. Jede unserer Handlungen, Worte und Gedanken sendet Wellen in diesen kosmischen Fluss hinaus und beeinflusst somit die Richtung unseres Lebens und das Leben derer um uns herum. Indem wir das Dao und Karma ehren und in unser Leben integrieren, können wir den Weg zu größerer Harmonie, Ausgeglichenheit und Frieden finden.

Wenn Sie von der Bahn der Tugend abweichen, wenn Sie die Harmonie der Welt stören, spüren Sie den Widerhall dieser Disharmonie in Ihrem eigenen Leben. Der Schmerz, der durch solche Abweichungen verursacht wird, ist nicht eine Strafe, sondern vielmehr ein liebevolles Signal des Universums, das Sie zurück auf den rechten Pfad lenkt. Die Stärke dieses Signals, der Grad des Unbehagens oder des Schmerzes, den Sie erfahren, hängt davon ab, wie weit Sie von der Harmonie abgewichen sind. Es ist eine natürliche Reaktion, diesen Schmerz zu meiden und sich davor zu scheuen. Doch der wahre Shaolin-Mönch versteht, dass in diesem Unbehagen eine tiefergehende Lektion verborgen liegt. Anstatt das Leiden passiv zu ertragen, anstatt zu resignieren oder in Selbstmitleid zu versinken, sollte der Mönch das Karma als Leitfaden betrachten. Statt zu fragen "Warum geschieht dies mir?", sollte er tiefer graben und die Ursache ergründen.

Die Wirkungen, die Sie in Ihrem Leben erfahren, sind nicht zufällig. Sie sind das Echo Ihrer eigenen Handlungen, das Resonieren Ihrer eigenen Energie in der Welt. Doch ein echter Shaolin strebt nicht nur danach, diese Resonanzen zu verstehen, sondern auch, ihre Ursachen zu erkennen. In diesem Streben geht es nicht nur darum, die Symptome zu lindern, sondern die Wurzel des Problems zu finden.

Sie sind nicht das passive Opfer des Schicksals, ständig von den Launen des Lebens verfolgt. Sie sind vielmehr ein aktiver Teilnehmer, ein Gestalter Ihrer eigenen Realität. Die Herausforderungen, die Ihnen begegnen, sind nicht Hindernisse, sondern Chancen zur Läuterung und zum Lernen. Jeder Schmerz, jede Schwierigkeit kann Ihnen dabei helfen, tiefer in Ihr eigenes Sein einzutauchen und die tieferen Wahrheiten des Lebens zu ergründen. Im Herzen der Shaolin-Tradition steht die Idee, dass man aus allem lernen kann, was einem begegnet. Und so ist auch das Prinzip des Karmas nicht nur eine Lehre über Ursache und Wirkung, sondern vielmehr ein Wegweiser auf dem Pfad der Weisheit und Selbsterkenntnis. Betrachten Sie die Resonanzen Ihres Lebens nicht als Strafe, sondern als Echo Ihrer eigenen Taten, und Sie werden einen tieferen Sinn in allem finden, was Ihnen begegnet.

Exkurs: Yin und Yang - Das Spiel der Gegensätze
In der universellen Ordnung, so wie sie die Shaolin-Mönche und Weisen des alten China verstanden haben, stehen Yin und Yang als Symbole der Dualität, die das grundlegende Gleichgewicht und die Harmonie des Kosmos darstellen. Yin und Yang sind komplementäre Kräfte, die zusammen das Ganze bilden. Sie sind keine entgegengesetzten Kräfte im Sinne von Gut und Böse, sondern repräsentieren vielmehr das natürliche Gleichgewicht und die Wechselbeziehung zwischen den verschiedenen Aspekten des Lebens und des Universums.

Yin steht für das Weibliche, das Dunkle, das Passive, das Kühle, das Empfangende. Es ist das Symbol für den Mond, die Erde und das Wasser - Elemente, die Kühle, Ruhe und Weichheit vermitteln.

Yang hingegen repräsentiert das Männliche, das Helle, das Aktive, das Warme, das Gebende. Es ist das Symbol für die Sonne, den Himmel und das Feuer - Elemente, die Wärme, Aktivität und Festigkeit ausstrahlen.

Keines dieser Prinzipien kann ohne das andere existieren, und beide sind in ständiger Bewegung und Veränderung. Sie bedingen einander und halten das Gleichgewicht des Lebens und des Kosmos aufrecht. Ein Anstieg von Yang führt zu einem Abfall von Yin und umgekehrt, so dass kein Zustand ewig besteht, sondern ständig im Wandel ist.

Dieses Prinzip wird in der Shaolin-Philosophie und Praxis angewandt. In der physischen Kultivierung durch Kung Fu etwa, wird der Übende ermutigt, sowohl harte (Yang) als auch weiche (Yin) Techniken zu meistern und sie auf harmonische Weise zu integrieren. In der geistigen Praxis, etwa in der Meditation, wird versucht, ein Gleichgewicht zwischen Aktivität (Yang) und Ruhe (Yin) zu erreichen.

Das Verständnis von Yin und Yang hilft Ihnen, das Wesen der Dualität zu verstehen und zu erkennen, dass hinter jedem Phänomen ein komplementäres Gegenstück steht. Dieses Wissen kann Ihnen helfen, ein tieferes Verständnis für die Welt und für Ihre eigene innere Natur zu entwickeln. Durch die Harmonisierung Ihrer inneren Yin- und

Yang-Kräfte können Sie inneren Frieden und Gleichgewicht erreichen und somit auch in der Außenwelt Harmonie und Ausgleich schaffen.

Erinnern Sie sich stets daran, dass Sie nicht allein sind auf diesem Pfad. Wie das Yin nicht ohne das Yang existieren kann, so sind auch Sie untrennbar mit dem Kosmos verbunden. Und in dieser Verbindung liegt die wahre Weisheit der Shaolin: Die Erkenntnis, dass Sie sowohl Schöpfer als auch Geschöpf Ihrer eigenen Realität sind.

Wiederholung schafft Manifestation

In der allumfassenden Ordnung des Kosmos offenbart sich ein elementares Gesetz, das Gesetz der Wiederholung. Man braucht nur auf die endlose Schleife des Lebens und Sterbens zu schauen, auf den ewigen Zyklus von Werden und Vergehen, um zu erkennen, dass die gesamte manifestierte Welt diesem Prinzip unterworfen ist.

Exkurs: Der Zyklus des Lebens in anderen Kulturen

In verschiedenen Kulturen und Traditionen auf der ganzen Welt findet man Echos des Gesetzes der Wiederholung, jede in ihrem eigenen Kontext und Ausdruck.

In der indischen Tradition beispielsweise spielt das Prinzip der Wiederholung eine zentrale Rolle. Der Sanskrit-Begriff "Samsara" bezieht sich auf den ewigen Zyklus von Geburt, Tod und Wiedergeburt, ein endloser Kreislauf des Lebens und Sterbens, der durch das Gesetz des Karmas bestimmt wird. Auch in der Praxis der Meditation und des Yoga spielt die Wiederholung eine zentrale Rolle, ob in der Wiederholung von Mantras oder in den körperlichen Übungen, den Asanas, die immer wieder geübt werden, um körperliche und geistige Harmonie zu erzielen.

Auch im alten Griechenland war die Vorstellung von ewiger Wiederkehr ein elementarer Bestandteil des philosophischen Gedankens. Der Philosoph Nietzsche betonte das Konzept der "ewigen Wiederkehr des Gleichen" als zentrales Element seiner Philosophie. In diesem Kontext ist die Wiederholung nicht nur ein kosmologisches Prinzip, sondern auch eine ethische Herausforderung, die die Individuen dazu aufruft, ihr Leben so zu leben, dass sie bereit wären, es ewig zu wiederholen.

In der japanischen Kultur findet man das Prinzip der Wiederholung in der Praxis des Zen-Buddhismus und in der traditionellen Kunst und Handwerkskunst. In der Teezeremonie zum Beispiel ist jede Handlung, jeder Bewegung, jeder Moment von bewusster Wiederholung geprägt. Jedes Detail ist wichtig und wird mit tiefer Aufmerksamkeit und Respekt ausgeführt.

Diese Beispiele unterstreichen die Universalität des Gesetzes der Wiederholung und seine zentrale Rolle in den kulturellen, spirituellen und philosophischen Praktiken der Menschheit. Jede Kultur mag ihre eigenen einzigartigen Ausdrucksformen und Kontexte haben, doch das

zugrundeliegende Prinzip bleibt dasselbe: Durch Wiederholung erlangen wir Verständnis, Meisterschaft und schließlich Transformation.
Die natürliche Welt um Sie herum verkörpert dieses Prinzip in eindrucksvoller Weise. Die Jahreszeiten wechseln in stetem Rhythmus, Tage und Nächte folgen einander in unablässiger Regelmäßigkeit, und ein Samenkorn sprießt aus der Erde in immer wiederkehrender Verlässlichkeit. Millionen Mal hat dieses Wunder bereits stattgefunden, und doch bleibt es immer von neuer Frische und Energie erfüllt. Da Sie selbst ein Teil dieser Natur sind, ist es nur folgerichtig, dass auch Sie diesem Rhythmus unterliegen. Die Wiederholung ist ein Schlüssel zum Verständnis und zur Meisterung des Lebens, wie es die Shaolin-Lehren darlegen.

Wiederholung, Wiederholung, Wiederholung... nicht als Ausdruck von Monotonie oder Überdruss, sondern als Ausdruck des tiefen Verlangens nach Perfektionierung und Verfeinerung. Jeder, der wiederholt, betritt nicht zweimal denselben Fluss. Mit jedem Versuch, mit jeder Wiederholung, steigt die Kompetenz, die Tiefe der Erfahrung und die Beherrschung der Fähigkeit.

In der Praxis der Shaolin-Disziplinen manifestiert sich dieses Prinzip in eindrucksvoller Weise. Sei es in den physischen Übungen des Kung Fu, wo jede Bewegung, jeder Schlag, jeder Tritt immer und immer wieder geübt wird, bis sie zur zweiten Natur werden. Oder in der geistigen Schulung durch Meditation, wo der Geist durch kontinuierliche Praxis geschult wird, um in die tiefen Ebenen des Bewusstseins einzutauchen. Es ist diese Hingabe zur Wiederholung, die es Ihnen ermöglicht, stetig zu wachsen und sich zu entwickeln, um mit jedem Durchgang eine größere Verfeinerung zu erreichen. Lassen Sie die Macht der Wiederholung in Ihr Leben einfließen und nutzen Sie sie als Werkzeug, um die Meisterschaft über Ihre Fähigkeiten und über sich selbst zu erlangen. Es ist dieser fortwährende Prozess des Wiederholens, Lernens und Wachstums, der Sie letztendlich zum höchsten Ziel der Shaolin-Lehre führt: zur völligen Harmonie von Körper, Geist und Seele und zur vollkommenen Vereinigung mit dem Dao, dem Weg des Universums.

FEHLGELEITETE UND SINNLOSE GEWALT

6. "Respektiere die Tugenden, vermeide Unrecht und sorge für Harmonie. Belästigen, Böses tun, stehlen, rauben, entführen oder täuschen - solche Taten stehen im Widerspruch zur Ehre eines Shaolin und dürfen niemals begangen werden."

Die Kunst des Kämpfens ist mehr als physische Technik. Sie ist eine Lebensschule, die Harmonie anstrebt und Moral als ihr Herzstück betrachtet. Es ist diese innere Haltung, moralische Verpflichtung und geistige Ausrichtung, die den wahren Künstler definiert. Die Shaolin-Praxis basiert auf moralischen Prinzipien, die das äußere Können stützen. Der Schüler muss diese Tugenden in sein Handeln integrieren, um die wahre Essenz der Shaolin-Lehre zu erfassen. Respekt, Vertrauen, Loyalität, Bescheidenheit und Rechtschaffenheit sind die Säulen dieser Lehre, welche die Beziehungen im Kontext der Kampfkunst und darüber hinaus prägen. Diese Tugenden gelten auch universell und helfen, ein harmonisches Leben zu führen. Sie leiten den Schüler, um richtige Entscheidungen zu treffen und die Shaolin-Prinzipien täglich zu leben. Neben der moralischen Handlungsweise betont die Shaolin-Lehre die geistige Moral - das Prinzip der Selbsterziehung. Es führt zur Selbstentdeckung und -vervollkommnung durch Selbstreflexion und -disziplin, um Emotionen und Gedanken zu kontrollieren. Die Shaolin-Lehre ist ein Weg zur Selbstverwirklichung und inneren Harmonie. Sie erfordert kontinuierliche Selbstverbesserung und Anwendung der moralischen Prinzipien im täglichen Leben. Nur so kann der Schüler die tiefgründige Bedeutung der Shaolin-Kunst verstehen und ihre wahren Schätze entdecken.

Moral der Taten

Die "Moral der Taten" ist im traditionellen Shaolin-Training ein Pfeiler, eine Richtschnur, die den Weg eines jeden Schülers und Meisters beleuchtet. Jeder Schlag, jede Abwehr, jeder Wurf und jeder Schritt, den Sie als Shaolin-Kampfkünstler vollziehen, ist ein Ausdruck dieser Moral. Sie offenbart sich in der Methode, wie Sie Körper und Geist lenken, Ihre Kraft und Fertigkeit nutzen und Ihren Widersachern Achtung entgegenbringen. Doch die Tiefe dieser moralischen Dimension reicht weit über die physische Praxis hinaus und durchdringt Ihr gesamtes Sein. Sie wird in jeder Ihrer Handlungen sichtbar, sowohl innerhalb der heiligen Mauern des Tempels als auch in der Welt außerhalb. Der Shaolin-Kodex ermahnt Sie, mit Integrität, Respekt und Disziplin zu handeln, unabhängig von der Situation. Denn das Wesen der Shaolin-Kampfkünste liegt nicht nur in der Beherrschung von Kampftechniken, sondern in der Entwicklung eines ehrenhaften und mitfühlenden Charakters.

Jeder Ihrer Schritte auf dem Weg des Shaolin ist von Bedeutung und wird sorgfältig betrachtet. Ein Meister achtet nicht nur auf technische Perfektion, sondern sucht in seinem Schüler nach moralischer Rechtschaffenheit. Jede Ihrer Handlungen, ob in der Stille des Tempels oder im Lärm der Außenwelt, ist ein Spiegelbild Ihres Charakters und zeigt Ihrem Meister, ob Sie bereit sind, auf die nächste Stufe des Trainings zu treten. Die moralische Qualität Ihrer Taten bestimmt, ob Sie das Vertrauen Ihres Meisters, Ihrer Mitschüler und der gesamten Gemeinschaft der Kampfkünstler verdienen. Denn die Shaolin-Kampfkünste sind mehr als nur eine Sammlung von Techniken und Fertigkeiten - sie sind ein Pfad zur Charakterbildung und zur Verfeinerung der Seele. Durch moralisches Handeln stärken Sie Ihre Position als würdiger Schüler und tragen dazu bei, die Ehre und Würde der Shaolin-Kampfkünste zu bewahren.

Praxis: "Der Weg des rechtschaffenen Handelns"

Tägliches Bewusstsein: Beginnen Sie jeden Tag mit einer ruhigen Reflexion über die Shaolin-Prinzipien und den Kodex, den Sie verfolgen. Erinnern Sie sich an die Werte von Respekt, Mitgefühl, Disziplin und Integrität, und nehmen Sie sich vor, diese Werte in Ihren Handlungen des Tages zum Ausdruck zu bringen. Diese kurze Meditation kann dabei helfen, Ihren Fokus für den Tag zu schärfen und Ihre Handlungen bewusster zu gestalten.

- Achtsames Handeln

Versuchen Sie, während des Tages achtsam zu sein. Bevor Sie handeln, fragen Sie sich: "Entspricht diese Handlung den Prinzipien des Shaolin-Kodexes? Würde sie die Achtung und das Vertrauen meiner Meister und Mitschüler verdienen?"

- Reflexion am Ende des Tages

Bevor Sie schlafen gehen, nehmen Sie sich einige Minuten Zeit, um über Ihre Handlungen des Tages nachzudenken. Haben Sie sich an die Prinzipien des Shaolin-Kodexes gehalten? Gab es Situationen, in denen Sie hätten besser handeln können? Gibt es Handlungen, für die Sie sich entschuldigen oder Wiedergutmachung leisten müssen? Nutzen Sie diese Reflexionszeit, um aus Ihren Fehlern zu lernen und sich für den nächsten Tag zu verbessern.

- Wiederholung

Wiederholen Sie diese Übung jeden Tag. Es ist nicht wichtig, perfekt zu sein, sondern bewusst und beständig auf dem Pfad der moralischen Taten zu wandeln. Mit der Zeit wird dieses bewusste Handeln zu einer tief verankerten Gewohnheit, die Ihnen hilft, sich als Shaolin-Kampfkünstler zu entwickeln.

Hinweis:
Erinnern Sie sich, dass moralische Integrität nicht über Nacht erreicht wird. Es ist ein stetiger Prozess, der Geduld, Disziplin und das Engagement erfordert, jeden Tag ein besserer Mensch zu werden. Die Praxis der "Moral der Taten" ist nicht nur für das Training im Tempel, sondern auch für Ihr Leben jenseits seiner Mauern von größter Bedeutung. Indem Sie diese Übung in Ihr tägliches Leben integrieren, können Sie den Geist der Shaolin-Kampfkünste verkörpern und ihren Weg der moralischen Rechtschaffenheit folgen.

Das Wissen und die Fertigkeiten, die Sie in Ihrem Training erlernen, sind kein Instrument zur Ausübung von Gewalt oder zur Durchsetzung eigener Interessen. Sie sind Werkzeuge zur Disziplinierung des Geistes, zur Formung des Charakters und zur Führung eines Lebens im Einklang mit den Prinzipien der Shaolin-Lehre. Jeder missbräuchliche Einsatz dieser Fertigkeiten ist ein Bruch des heiligen Vertrags zwischen Ihnen und den Shaolin-Kampfkünsten und ein Zeichen von Respektlosigkeit gegenüber den vielen Generationen von Meistern und Schülern, die diese Traditionen vor Ihnen gepflegt haben.

Daher ist es von entscheidender Bedeutung, dass Sie sich bewusst für den Pfad der moralischen Rechtschaffenheit entscheiden und sich bemühen, in jeder Situation nach den Prinzipien des Shaolin-Kodexes zu handeln. Nur so können Sie wahrhaft wachsen und die höheren Ebenen der Shaolin-Kampfkünste erreichen. Und nur so werden Sie das Vertrauen Ihres Meisters erwerben und sich als wahrer Shaolin-Kampfkünstler erweisen.

Respekt

Respekt, bekannt als JìngYì im Shaolin-Kodex, ist ein grundlegendes Prinzip, das nicht nur in den Kampfkünsten, sondern auch in allen Aspekten des menschlichen Miteinanders zum Tragen kommt. Es ist eine Tugend, die man sich erarbeiten muss - sie wird nicht einfach auf Anfrage gewährt, sondern muss durch kontinuierliche Demonstration von Charakter, Disziplin und Würde erworben werden.

Ein Shaolin-Mönch oder eine Mönchin erkennt, dass Respekt der Schlüssel zu harmonischen Beziehungen ist. Im Tempel wird Respekt als Zeichen von Anstand und Würde verstanden, ein Beweis dafür, dass Sie Ihre Mitmenschen als gleichwertige, autonome Individuen betrachten, und die Fähigkeit erkennen, von jedem zu lernen, unabhängig von ihrem Rang oder Status. Ebenso wichtig ist der Respekt vor den Meistern und den Lehren der Shaolin, denn sie sind die Hüter des heiligen Wissens, das über Generationen hinweg bewahrt wurde.

Respekt reicht jedoch weit über die Grenzen des Tempels hinaus. Sie, als Praktizierende/r der Shaolin-Prinzipien, werden dazu ermutigt, Respekt in alle Bereiche Ihres Lebens zu tragen. Innerhalb Ihrer Familie zeigt Respekt Ihre Anerkennung und Wertschätzung für die Beiträge und Opfer, die jedes Familienmitglied leistet. Bei Freunden steht Respekt für Vertrauen, Loyalität und die Anerkennung der einzigartigen Eigenschaften und Fähigkeiten, die jeder Einzelne mitbringt. Respekt in der Gesellschaft bedeutet, die Rechte und Freiheiten anderer zu achten, freundlich und rücksichtsvoll zu sein und die Vielfalt und Einzigartigkeit jedes Individuums zu würdigen. Besonders hervorzuheben ist der Respekt vor sich selbst. Als Shaolin-Kampfkünstler erkennen Sie, dass Ihr Körper und Geist Tempel sind, die gehegt und gepflegt werden müssen. Sie respektieren Ihre Grenzen und hören auf die Botschaften Ihres Körpers. Sie würdigen Ihre Stärken und arbeiten kontinuierlich daran, Ihre Schwächen zu verbessern. Sie wertschätzen Ihre einzigartigen Fähigkeiten und Talente und streben danach, Ihr volles Potenzial auszuschöpfen.

Praxis: Meditation des ehrenhaften Echos

- Finden Sie einen Ort der Stille, wo Sie ohne Störungen sein können. Positionieren Sie sich in einer Haltung, die sowohl bequem als auch stabil für Sie ist. Sie könnten auf einem Meditationskissen sitzen, auf einem Stuhl, oder auch liegen, wenn dies für Sie am angenehmsten ist. Schließen Sie die Augen und nehmen Sie ein paar tiefe Atemzüge. Lassen Sie den Atem auf natürliche Weise fließen und lenken Sie Ihre Aufmerksamkeit auf den jetzigen Augenblick.
- Rufen Sie sich eine Situation ins Gedächtnis, in der Sie einen echten Respekt gegenüber einer anderen Person empfunden haben. Es könnte sich um einen Familienmitglied, einen Freund, einen Lehrer oder jemanden handeln, den Sie verehren. Halten Sie für einen Augenblick inne, um sich an diese Begebenheit zu erinnern. Wie haben Sie sich gefühlt? Was haben Sie an dieser Person wahrgenommen oder erkannt, das Ihnen so viel Respekt abverlangt hat?
- Lenken Sie nun Ihre Aufmerksamkeit auf Ihr eigenes Selbst. Erinnern Sie sich an Ihre eigenen Eigenschaften, Talente, Fähigkeiten und Leistungen. Stellen Sie sich vor, wie Sie sich selbst durch die Augen einer Person betrachten, die liebevoll und weise ist. Wie würden sie Sie sehen? Was würden sie an Ihnen respektieren und wertschätzen? Lassen Sie diese Gefühle der Selbstachtung und der Selbstwertschätzung aufkommen.
- Stellen Sie sich nun vor, wie sich Ihr Gefühl von Respekt wie Wellen ausbreitet und alle Menschen um Sie herum berührt - Ihre Familie, Ihre Freunde, Ihre Kollegen, Menschen, die Sie nicht kennen, und sogar Menschen, mit denen Sie Schwierigkeiten haben. Stellen Sie sich vor, wie diese Welle des Respekts sich weiter ausbreitet und schließlich den gesamten Planeten umfasst.
- Beenden Sie die Kontemplation, indem Sie sich für die aufgewendete Zeit und Mühe danken. Öffnen Sie sanft die Augen und nehmen Sie sich einen Moment Zeit, um die Erfahrung zu integrieren.

Hinweis:
Praktizieren Sie diese Respekt-Meditation regelmäßig, um Ihre Fähigkeit zu stärken, Respekt in Ihrem täglichen Leben zu kultivieren. Respekt beginnt bei uns selbst und strahlt dann nach außen in die Welt. Durch diese Übung entwickeln Sie ein tieferes Verständnis und eine tiefere Wertschätzung für sich selbst und für die Menschen um Sie herum.

Respekt ist nicht nur eine Tugend, die man ausübt, sondern auch eine Haltung, die man einnimmt. Wenn Sie in Ihren Worten, Handlungen und Gedanken Respekt zeigen, senden Sie eine mächtige Botschaft an die Welt - eine Botschaft, die zeigt, dass Sie die Würde und den Wert jedes Wesens erkennen. Sie werden zu einem Vorbild für andere und ermutigen sie, ebenfalls diesen Weg der respektvollen Handlungen zu gehen. So tragen Sie dazu bei, eine Kultur des Respekts und der Anerkennung zu schaffen, die nicht nur Ihr persönliches Wachstum fördert, sondern auch dazu beiträgt, eine harmonischere und friedlichere Welt zu schaffen.

Vertrauen

Im Verborgenen unter den majestätischen Zedern des Shaolin-Klosters, in den ausgedehnten Weiten des Songshan-Massivs, schlummert ein tiefgreifendes Mysterium. Dieses Mysterium ist das Konzept der Zuverlässigkeit, im Chinesischen als XìnYòng bekannt. Eine solche Vertrauenswürdigkeit lässt sich nicht durch lautstarke Beteuerungen oder herausragende Gesten erzwingen. Stattdessen wird sie langsam durch eine konstante Kette aufrichtiger Handlungen und die beharrliche Vergehen von Zeit, ähnlich wie Wasser, das unermüdlich einen Stein formt, geschaffen. Sie mögen nun fragen: Wie etabliere ich Vertrauen in der anspruchsvollen Disziplin der Kampfkünste? Wie

erschaffe ich diese Atmosphäre, die frei von Angst ist und in der das Lernen und Wachsen zum Hauptanliegen wird?
Im Kern der Kampfkunst und den Lehren der Shaolin liegt das Wissen, dass Vertrauen in zweifacher Hinsicht gewonnen wird - sowohl in Bezug auf sich selbst als auch auf andere. Der Weg des Vertrauens beginnt mit dem eigenen Selbst. Sie müssen zuerst den inneren Schüler pflegen, der bereit ist, Fehler zu machen, zu lernen und zu wachsen. Sie müssen sich selbst die Erlaubnis geben, auf der Matte zu stolpern, damit Sie fest auf der Straße stehen können. Nur indem Sie sich selbst vertrauen, wird es möglich, über die eigenen Grenzen hinauszugehen und echtes Wachstum zu erfahren.

Doch dies allein ist nicht genug. Es ist das gemeinschaftliche Vertrauen, das den Boden der Kampfkunstpraxis nährt und fruchtbar macht. In den Hallen des Tempels, auf der Trainingsmatte, ist das Band zwischen Lehrer und Schüler, zwischen Schüler und Schüler, von enormer Bedeutung. Es ist ein heiliges Band, gewebt aus Respekt, Engagement und der unerschütterlichen Versicherung, dass jeder das Wohl des anderen im Auge hat. Um dies zu erreichen, ist es entscheidend, sich mit Geduld, Integrität und Zuverlässigkeit zu zeigen. Ein respektvolles Miteinander und beständiges Engagement schaffen ein Fundament, auf dem Vertrauen aufgebaut werden kann. Und auf diesem Fundament erblüht eine Umgebung, in der jeder Schüler die Möglichkeit hat, das Beste aus sich herauszuholen, eine Atmosphäre, in der das Lernen nicht nur im Vordergrund steht, sondern auch Freude bereitet. Sie sehen also, Vertrauen ist kein Schmuckstück, das man einfach erwerben und zur Schau stellen kann. Es ist ein Schatz, der im Herzen jeder einzelnen Beziehung geschmiedet wird, vom Tempel bis zur Familie, von den Kampfkunstschülern bis zu den Meistern. Es ist die Stille, die nach dem Sturm kommt, die sanfte Brise der Vertrautheit, die den Raum durchdringt und den Geist beruhigt, damit das Lernen und Wachsen in voller Blüte stehen kann. Das ist das wahre

Verständnis von XìnYòng, dem Prinzip des Vertrauens, wie es die Weisheit der Shaolin uns lehrt.

Loyalität

In der verborgenen Tiefe der Shaolin-Weisheit verankert, blitzt ein weiteres Prinzip hervor - die Loyalität, oder ZhōngXīn. Loyalität, ein Juwel von unermesslichem Wert, ist sowohl empfindlich als auch kraftvoll. Es ist wie ein Faden, der die Perlen des Vertrauens und des Respekts zusammenhält. Einmal zerrissen, werden diese Perlen verstreut und ihre ursprüngliche Schönheit und Harmonie sind verloren.

Sie, als Praktizierender auf diesem Weg, werden aufgefordert, die Bedeutung von Loyalität zu verstehen und sie in all ihren Handlungen zu manifestieren. Die Loyalität gegenüber Ihrem Lehrer, Ihren Mitschülern und der gesamten Kampfkunstgemeinschaft ist das, was den Geist des Shaolin in Ihnen verkörpert. Sie ist das Leuchtfeuer, das in der Dunkelheit der Zweifel und Unsicherheiten leuchtet und Sie stets zurück zum Pfad der Rechtschaffenheit führt.

Doch es geht nicht nur um Loyalität gegenüber anderen. Sie beginnt im Inneren, mit Loyalität zu sich selbst. Sie müssen loyal zu Ihren Überzeugungen sein, zu den Werten, die Sie leiten und zu dem Weg, den Sie eingeschlagen haben. Loyalität zu sich selbst ist es, was Sie stärkt, wenn die Herausforderungen zunehmen und die Unsicherheit einsetzt. Die Loyalität zu Ihrem Lehrer ist eine ehrliche Anerkennung der Weisheit und Anleitung, die Sie von ihm erhalten. Es ist der Pakt, den Sie eingehen, um seine Lehren in Ihren Handlungen widerzuspiegeln und sie mit Ehre und Respekt zu behandeln. Die Loyalität gegenüber Ihren Mitschülern spiegelt das Bewusstsein wider, dass Sie alle auf dem gleichen Pfad sind, geteilt durch das gemeinsame Streben nach Meisterschaft und spirituellem Wachstum.

Tägliche Praxis: So integrieren Sie Loyalität in Ihren Alltag

Loyalität, oder ZhōngXīn, ist nicht nur ein Prinzip, das sich auf die Welt der Kampfkunst beschränkt. Es ist vielmehr eine Lebenshaltung, die sich auf alle Bereiche Ihres Lebens ausdehnen kann und sollte. Hier sind einige Anregungen, wie Sie diese angesehene Eigenschaft in Ihr tägliches Leben einfließen lassen können.

Beginnen Sie bei sich selbst. In einer Welt, die ständig in Bewegung ist und in der Prioritäten und Pläne ständig wechseln, kann es eine Herausforderung sein, loyal zu sich selbst zu sein. Loyalität zu sich selbst bedeutet, treu zu den Werten zu sein, die Ihnen wichtig sind, auch wenn sie in der Gesellschaft nicht populär sind. Es bedeutet, Ihre Ziele zu verfolgen und Ihre Träume zu verwirklichen, auch wenn sie schwierig oder unbequem sind. Es erfordert, dass Sie sich selbst gegenüber ehrlich sind, auch wenn die Wahrheit manchmal schmerzhaft ist.

Seien Sie loyal gegenüber Ihrer Familie und Ihren Freunden. Zeigen Sie durch Ihre Handlungen, dass Sie auf sie zählen können. Wenn Sie jemandem Ihre Unterstützung versprochen haben, stellen Sie sicher, dass Sie Ihr Versprechen halten. Wenn Sie eine Verabredung haben, seien Sie pünktlich. Behandeln Sie die Menschen um Sie herum mit Respekt und Freundlichkeit und zeigen Sie ihnen, dass Sie sie schätzen.

Seien Sie loyal in Ihrer Arbeit. Dies bedeutet, Ihre Aufgaben mit Sorgfalt und Engagement zu erfüllen und Ihr Bestes zu geben, um Ihre Arbeit gut zu machen. Es bedeutet auch, Ihren Kollegen gegenüber respektvoll und unterstützend zu sein und sich an die Regeln und Richtlinien Ihres Arbeitsplatzes zu halten.

Letztendlich ist die Praxis von ZhōngXīn eine tägliche Übung, die erfordert, dass Sie ständig wachsam sind und die Auswirkungen Ihrer Handlungen auf sich selbst und andere berücksichtigen. Es ist nicht immer leicht, aber die Belohnungen sind immens. Denn Loyalität baut Vertrauen auf, schafft starke Beziehungen und führt zu einer tieferen

Erfüllung und Zufriedenheit im Leben. Diese Konzepte sind nicht nur für die Praxis der Kampfkünste relevant, sondern sie sind auch universelle Prinzipien, die zu einem harmonischen und ausgeglichenen Leben führen können. So lehrt die unsterbliche Weisheit der Shaolin.

Sobald Sie die Bedeutung von ZhōngXīn in all seinen Facetten verstanden haben, wird Ihnen klar, dass es sich um weit mehr als nur ein Prinzip handelt. Es ist ein Versprechen, das Sie sich selbst und anderen geben. Ein Versprechen, das hart erarbeitete Vertrauen und den Respekt zu wahren und sie niemals leichtfertig aufs Spiel zu setzen. Denn Loyalität ist der Test, der Ihre Wahrhaftigkeit und Integrität im Umgang mit der Moral des Handelns auf die Probe stellt. Einmal missachtet, wird die Fackel des Respekts und des Vertrauens, die einst hell in den Herzen derer, die Sie kennen, brannte, erlöschen. Um sie erneut zu entfachen, wird ein hoher Preis gefordert. Daher ist ZhōngXīn, die Loyalität, das Bindeglied, das alles zusammenhält und das Ihnen hilft, den rechtschaffenen Weg der Kampfkünste mit Ehre und Würde zu beschreiten. So lehrt es die unsterbliche Weisheit der Shaolin.

Bescheidenheit

QiānXùn, oder Bescheidenheit, ist ein entscheidendes Prinzip im Herzen der Shaolin-Kultur und ein wichtiges Element im Pfad der Kampfkünste. Es ist mehr als lediglich eine Tugend, es ist ein Schlüssel zum Fortschritt, zum Wachstum und letztlich zur Meisterschaft.

Bescheidenheit hilft dabei, einen klaren und unverfälschten Blick auf sich selbst und die eigenen Fähigkeiten zu werfen. Sie bewahrt Sie vor dem Trugschluss, sich selbst als vollendet zu betrachten und erinnert Sie immer daran, dass es auf dem Pfad der Kampfkunst und in allen anderen Aspekten des Lebens stets Raum für Wachstum und Verbesserung gibt. Sie ist eine ständige Mahnung, dass der Pfad des Lernens niemals endet, egal wie weit Sie gekommen sind. Ein wichtiger Aspekt von QiānXùn ist, dass es Sie vor Stolz und Arroganz schützt - zwei mächtige Hindernisse, die oft den Pfad zum Wachstum und zur

Erleuchtung versperren. Stolz kann dazu führen, dass Sie sich weigern, Kritik anzunehmen oder neue Perspektiven zu betrachten. Arroganz kann Sie dazu verleiten, sich in einem falschen Gefühl der Überlegenheit zu verlieren und so die Möglichkeit zur Verbesserung zu übersehen. Durch die Bescheidenheit sind Sie stets offen für konstruktive Kritik, für das Lernen von anderen und für das ständige Streben nach Verbesserung.

Bescheidenheit in der Shaolin-Philosophie ist nicht mit Mangel an Selbstvertrauen gleichzusetzen. Sie untergräbt nicht Ihr Selbstbewusstsein, sondern stärkt es, indem sie Ihnen einen realistischen Blick auf Ihre Stärken und Schwächen ermöglicht. Sie erlaubt Ihnen, ehrlich und aufrichtig mit sich selbst zu sein, und gleichzeitig den Glauben an Ihr eigenes Potenzial zur Verbesserung und zum Wachstum zu bewahren. In der Praxis der Kampfkünste manifestiert sich die Bescheidenheit in der Bereitschaft, sich ständig selbst in Frage zu stellen und die eigene Praxis zu reflektieren. Es bedeutet, stets offen zu sein für neues Wissen, für neue Techniken und Perspektiven, und immer bereit zu sein, von jedem zu lernen - vom Anfänger bis zum Meister. Die Bescheidenheit ist auch eine kraftvolle Waffe gegen die Selbstzufriedenheit. Es ist allzu leicht, sich auf den erreichten Lorbeeren auszuruhen und sich selbst in dem Gefühl zu wiegen, dass man "genug" erreicht hat. Doch die wahre Meisterschaft, die tiefste Erkenntnis, erfordert stetes Streben, stetige Arbeit an sich selbst. Und dafür ist die Bescheidenheit unerlässlich. Wenn Sie QiānXùn - Bescheidenheit - in Ihr Leben integrieren, werden Sie feststellen, dass sich Ihr Verständnis und Ihre Praxis der Kampfkünste - und alle Aspekte Ihres Lebens - auf eine Weise vertiefen und erweitern, die Sie vielleicht nie für möglich gehalten haben. Dies ist das wahre Geschenk der Bescheidenheit, die Schönheit von QiānXùn, wie es in der alten Shaolin-Weisheit gelehrt wird.

Rechtschaffenheit

Die Rechtschaffenheit, ZhèngZhí, ist eine der edelsten Tugenden auf dem Pfad des Shaolin, der Weg des Kämpfers und des Gelehrten. Sie ist nicht nur ein Prinzip oder eine Richtlinie, sondern sie ist ein lebendiges Herzstück, ein strahlendes Licht, das Ihren Pfad erleuchtet und Sie zu ethischer Klarheit und aufrechtem Handeln führt. Wenn Sie den Pfad der Shaolin betreten, treten Sie in einen geheiligten Raum ein, in dem jede Handlung, jede Bewegung und jeder Gedanke durch das Prisma der Rechtschaffenheit gesehen wird. Hier, im Zentrum des Seins, wird Ihr Handeln nicht durch oberflächliche Beurteilungen oder schnelle Urteile geleitet, sondern durch eine tiefgreifende Verantwortung gegenüber sich selbst und anderen.

Durch die Praxis der Rechtschaffenheit entwickeln Sie ein tiefes Verständnis dafür, was es bedeutet, zuverlässig und verantwortungsbewusst zu sein. Sie lernen, sich auf Ihre eigenen Fähigkeiten zu verlassen und sie in einer Weise zu nutzen, die sowohl für Sie selbst als auch für andere von Vorteil ist. In diesem Raum der Zuverlässigkeit und Verantwortung beginnen Sie, den wahren Wert Ihrer Taten zu erkennen und die Konsequenzen Ihres Handelns zu verstehen. Die Rechtschaffenheit fordert von Ihnen, dass Sie Ihre Aufgaben und Verpflichtungen ernst nehmen. Sie lädt Sie ein, Ihre Aufgaben nicht aufzuschieben, sondern sie sofort und mit vollem Engagement anzugehen. Indem Sie Ihre Verantwortlichkeiten anerkennen und annehmen, verhindern Sie Unklarheiten und Chaos in Ihrem Geist und schaffen Ordnung und Klarheit in Ihrem Alltag.

Wenn Sie das Prinzip der Rechtschaffenheit in Ihrem Leben umsetzen, werden Sie feststellen, dass es Ihre Fähigkeit stärkt, sich zu organisieren und Ihre Aufgaben effektiv zu erfüllen. Es fördert eine Disziplin, die weit über die körperlichen Übungen hinausgeht und tief in Ihren Alltag eindringt. Es lehrt Sie, wie Sie Ihre Zeit, Ihre Energie und Ihre Ressourcen am besten nutzen können, um Ihre Ziele zu erreichen und Ihre Träume zu verwirklichen. Die Rechtschaffenheit ermutigt Sie auch, sich selbst und andere mit Aufrichtigkeit und Respekt zu behandeln. Sie lädt Sie ein, Ihre wahren Gefühle, Gedanken und Absichten auszudrücken und sich nicht hinter Masken oder Fassaden zu verstecken. Durch die Pflege von Aufrichtigkeit und Offenheit stärken Sie Ihre Beziehungen und schaffen ein Umfeld von Vertrauen und gegenseitiger Unterstützung.

Auf dem Weg der Shaolin ist die Rechtschaffenheit mehr als nur eine Tugend, sie ist eine Lebensweise. Es ist eine ständige Übung, eine unendliche Reise der Selbsterforschung und Selbstverbesserung. Jeder Tag bietet neue Möglichkeiten, Ihre Rechtschaffenheit zu üben und zu vertiefen und so Ihre innere Stärke und Ihren Charakter zu stärken.

Die Sechs Prinzipien der Rechtschaffenheit

- Der Pfad der Wahrhaftigkeit (Zhen Lù)

Es ist von größter Wichtigkeit, immer die Wahrheit zu suchen und zu sprechen. Eine klare und aufrichtige Kommunikation ist der Schlüssel zur Aufrechterhaltung der Integrität und zur Stärkung des Vertrauens.

- Der Weg der Verantwortung (ZéRèn Dào)

Jeder Shaolin-Praktizierende ist für seine Handlungen verantwortlich. Erkennen Sie Ihre Rolle und nehmen Sie Ihre Aufgaben und Verpflichtungen ernst.

- Die Disziplin der Verpflichtung (FèngXiàn JìLǜ)

Ein Shaolin-Mönch verschiebt keine Aufgaben. Er geht mit vollem Engagement und ohne Zögern seine Verpflichtungen an.

- Der Geist der Organisation (ZhǔZhì JīngShén)

Ein geordneter Geist führt zu einem geordneten Leben. Die Fähigkeit, die eigenen Aufgaben effektiv zu organisieren, ist ein Zeichen für Rechtschaffenheit.

- Die Praxis der Aufrichtigkeit (ChéngShí XiūXián)

Behandeln Sie sich selbst und andere mit Aufrichtigkeit und Respekt. Verstecken Sie sich nicht hinter Masken oder Fassaden, sondern drücken Sie Ihre wahren Gefühle, Gedanken und Absichten aus.

- Der Weg der Selbstverbesserung (ZìWǒ GǎiJìn Dào)

Die Rechtschaffenheit ist eine ständige Übung, eine unendliche Reise der Selbsterforschung und Selbstverbesserung. Nutzen Sie jeden Tag als Chance, Ihre Rechtschaffenheit zu üben und zu vertiefen.

Indem Sie die Prinzipien der Rechtschaffenheit in Ihrem Leben anwenden und kultivieren, ehren Sie nicht nur die Traditionen und Werte des Shaolin, sondern formen auch Ihren eigenen Weg, Ihren eigenen Pfad der Tugend und Weisheit. Die Rechtschaffenheit wird zu Ihrem ständigen Begleiter, einem Leuchtfeuer, das Sie durch die

Dunkelheit führt und Sie immer wieder zur Wahrheit und zur rechten Handlung zurückführt.
So wird aus der Rechtschaffenheit ein fester Bestandteil Ihres Lebens, ein unschätzbarer Schatz, der Ihnen hilft, ein Leben von Tiefe, Sinn und Erfüllung zu führen. Durch das Prinzip der Rechtschaffenheit werden Sie zu einem wahren Shaolin, einem Kämpfer und Gelehrten, der die Welt mit Mut, Weisheit und Mitgefühl betrachtet.

Moral des Geistes

Die Kunst des Shaolin, eine Praxis, die so tief wie das Meer und so weit wie der Himmel ist, hat ihren Ursprung nicht nur in der körperlichen Fertigkeit, sondern auch in der Kultivierung des Geistes. Es ist diese geistige Dimension, die oft als die Xin De bekannt ist - die Moral des Geistes.

Im Herzen der Shaolin-Philosophie steht die Selbsterziehung, die "Zi Jiao", ein lebenslanges Streben nach persönlicher Entwicklung und bewusstem Bewusstsein. Die Selbsterziehung ist nicht nur ein Weg zur Selbstverbesserung, sondern auch ein Weg zur Selbstrealisierung. Sie ist der Schlüssel, der Ihnen ermöglicht, den unermesslichen Ozean Ihrer inneren Welt zu erkunden und zu meistern.

Exkurs: Zi Jiao, die Kunst der Selbsterziehung
Zi Jiao, die Selbsterziehung, ist ein fundamentaler Pfeiler in der Shaolin-Lehre und von entscheidender Bedeutung für das persönliche Wachstum und die spirituelle Entwicklung. Es geht darum, die Verantwortung für das eigene Leben, die eigenen Taten und Gedanken zu übernehmen und aktiv an sich selbst zu arbeiten. Die Praxis von Zi Jiao geht weit über die Grenzen eines Trainingsraumes oder einer Meditationssitzung hinaus. Sie ist ein integraler Bestandteil des täglichen Lebens und findet in jedem Augenblick statt. Es geht darum, bewusst zu leben, achtsam zu sein und stets bereit zu sein, aus jeder Erfahrung zu lernen. Zi Jiao ist nicht immer ein einfacher Weg. Es erfordert Geduld, Disziplin und eine

ehrliche Bereitschaft zur Selbstreflexion. Es bedeutet, den Mut zu haben, die eigenen Fehler und Schwächen anzuerkennen und die Bereitschaft, sich ständig zu hinterfragen und zu verbessern. Die Praxis der Zi Jiao fordert, dass Sie sich immer wieder selbst herausfordern, dass Sie ständig Ihre Grenzen erweitern und Ihren Geist, Körper und Ihre Fähigkeiten kontinuierlich verfeinern. Sie erfordert, dass Sie ehrlich zu sich selbst sind, dass Sie Ihre Taten, Ihre Worte und Ihre Gedanken ständig überwachen und bewerten. Es ist auch die Fähigkeit, sich selbst zu korrigieren, wenn man feststellt, dass man vom Weg abkommt. Es geht darum, das eigene Verhalten und die eigenen Gedanken zu überprüfen und sich selbst zu regulieren, um sicherzustellen, dass sie in Übereinstimmung mit den Shaolin-Prinzipien und -Werten sind. Zi Jiao ist auch eine Praxis der Selbstfürsorge und des Selbstrespekts. Es geht darum, für sich selbst zu sorgen, sowohl körperlich als auch geistig. Es bedeutet, auf den eigenen Körper zu hören, auf die eigenen Emotionen zu achten und den eigenen Geist zu nähren. In der Shaolin-Philosophie wird Zi Jiao oft als das größte Geschenk betrachtet, das man sich selbst machen kann. Denn durch die Selbsterziehung können Sie das höchste Maß an persönlichem Wachstum und Selbstverwirklichung erreichen. Es ermöglicht Ihnen, das Beste aus sich selbst zu machen und Ihr volles Potenzial zu entfalten. Zi Jiao ist also viel mehr als nur eine Praxis oder eine Technik. Es ist ein Weg des Lebens, eine ständige Reise der Selbstentdeckung und Selbstverbesserung, die Sie dazu führt, ein besserer Mensch und ein wahrer Meister Ihres eigenen Lebens zu werden.

Einer der bemerkenswertesten Aspekte der Shaolin-Lehre ist das Konzept der Dualität des Geistes. Wie Yin und Yang, das sich bewegende und das ruhige, so hat auch der menschliche Geist zwei grundlegende Aspekte - den "Xing Xin", den emotionalen Geist, und den "Ming Xin", den weisen Geist. Der emotionale Geist, Ihr Xing Xin, ist der Teil von Ihnen, der durch Gefühle und Emotionen navigiert. Es ist der Sitz Ihrer Leidenschaften, Ihrer Ängste, Ihrer Freuden und Ihrer Sorgen. Es ist der Teil von Ihnen, der lacht, weint, liebt und leidet. Er ist wie das wilde Feuer, das in Ihrem Herzen brennt, lebendig, leidenschaftlich und unkontrollierbar.

Auf der anderen Seite ist Ihr weiser Geist, der Ming Xin, das ruhige Wasser eines stillen Sees. Es ist der Teil von Ihnen, der Ruhe, Klarheit und tiefe Weisheit besitzt. Es ist dieser Geist, der Ihnen erlaubt, objektiv und gelassen zu bleiben, selbst inmitten der turbulentesten Stürme des Lebens. Der Ming Xin ist Ihr innerer Leuchtturm, der den Weg durch die dunkelsten Nächte des Lebens beleuchtet. Die Kunst des Shaolin besteht darin, zu lernen, zwischen diesen beiden Geistern zu navigieren und sie in harmonisches Gleichgewicht zu bringen. Es ist ein Tanz der Dualität, eine Choreographie der Emotion und Weisheit. Es ist die Fähigkeit, das wilde Feuer des Xing Xin zu zügeln und zu lenken und gleichzeitig die stille Tiefe des Ming Xin zu nähren und zu kultivieren.

Ein Teil dieses Prozesses ist die Praxis der Meditation, die "Chan Ding", ein Schlüsselwerkzeug in der Shaolin-Lehre. Durch die Meditation lernen Sie, das ständige Flüstern des Xing Xin zu beruhigen und den klaren, stillen Klang des Ming Xin zu hören. Sie lernen, Ihre Gedanken und Emotionen zu beobachten, ohne sich von ihnen mitreißen zu lassen. Sie lernen, den Geist zur Ruhe zu bringen und Klarheit zu schaffen.

Darüber hinaus ist ein zentraler Aspekt der Shaolin-Philosophie die Praxis der Selbstreflexion und Selbstbewusstheit. Durch das kontinuierliche Üben und die ständige Selbstbeobachtung entwickeln Sie ein tieferes Verständnis Ihrer eigenen Stärken, Schwächen und Verhaltensmuster. Sie lernen, Ihre Handlungen und Reaktionen mit größerer Klarheit zu sehen und zu verstehen, was Ihnen ermöglicht, positive Veränderungen und Verbesserungen in Ihrem Leben herbeizuführen.

Praxis: Der Spiegel des Geistes

- Beginnen Sie, indem Sie einen stillen Platz suchen, an dem Sie nicht gestört werden. Dies kann ein Raum in Ihrem Heim, ein Garten oder ein friedlicher Ort in der freien Natur sein.
- Nehmen Sie eine bequeme Position ein, vielleicht auf einem Kissen auf dem Boden oder auf einem Stuhl. Achten Sie darauf, dass Ihr Rückgrat aufrecht ist. Positionieren Sie Ihre Hände auf Ihrem Schoß, wobei die linke Hand auf der rechten liegt und die Handflächen nach oben weisen.
- Verschließen Sie Ihre Augen und lenken Sie Ihre Aufmerksamkeit auf Ihre Atmung. Atmen Sie ruhig und tief durch die Nase ein, halten Sie die Luft für einen Moment an und atmen Sie dann sanft durch den Mund aus. Wiederholen Sie diesen Vorgang einige Male, um Ihren Geist zur Ruhe zu bringen und zu fokussieren.
- Nachdem Sie Ihren Geist zur Ruhe gebracht haben, beginnen Sie, Ihre Taten, Worte und Gedanken des vorherigen Tages zu reflektieren. Überlegen Sie, ob Ihr Verhalten im Einklang mit den Shaolin-Prinzipien von Ethik, Respekt, Vertrauen, Loyalität, Demut und Rechtschaffenheit stand oder ob es Situationen gab, in denen Sie hätten besser handeln können.
- Erkennen Sie Bereiche, in denen Sie Fortschritte machen können, und setzen Sie sich zum Ziel, in diesen Bereichen besser zu werden. Erinnern Sie sich, dass niemand vollkommen ist und dass der Shaolin-Weg ein kontinuierlicher Prozess des Lernens und Wachsens ist.
- Beenden Sie die Reflexion, indem Sie sich selbst für jegliche gemachten Fehler vergeben und sich für Ihre Bemühungen zur Verbesserung danken. Öffnen Sie dann behutsam Ihre Augen und kehren Sie mit neuem Bewusstsein und Entschlossenheit in Ihren Alltag zurück.

Hinweis:
Die "Spiegel des Geistes"-Praxis ist ein wirksames Mittel zur Selbstreflexion und Selbstoptimierung. Sie unterstützt Sie nicht nur dabei, Ihr eigenes Handeln und Denken besser zu verstehen, sondern fördert auch ein tiefergehendes Verständnis für die Shaolin-Prinzipien und deren Anwendung im alltäglichen Leben.

Dieser Weg der Selbstbildung und Disziplin, dieser Tanz von Emotion und Weisheit, ist mehr als nur eine Philosophie oder eine Trainingsmethode. Es ist ein Lebensweg, ein Weg zur Selbstmeisterschaft und zur Verwirklichung Ihres wahren Potentials als Kampfkünstler und als Mensch. Dies, liebe Shaolin-Brüder und -Schwestern, ist die wahre Essenz und der wahre Wert der Xin De, der Moral des Geistes.

SCHLECHTE MENSCHEN MEIDEN UND GUTES TUN

7. "Bewahre die Reinheit deines Geistes: Verkehre nicht mit bösen Menschen und unterlasse Boshaftigkeit, denn dies widerspricht der Ehre eines Shaolin."

Im Herzen des Shaolin-Weges liegt ein grundlegendes Verständnis der Verbindung zwischen dem Individuum und seiner Umgebung. So wie ein Tropfen Wasser die Form seines Gefäßes annimmt, so wird das Selbst von den Menschen geformt, mit denen es die meiste Zeit verbringt. Wie ein Spiegel reflektieren diese fünf engen Beziehungen das Innere, offenbaren Stärken und Schwächen und sind ein Barometer für die innere Entwicklung. Sind Sie sich dessen bewusst, welch tiefen Einfluss die engste Umgebung auf Sie hat? Erkennen Sie die feinen Fäden, die Sie mit anderen verbinden und Ihnen erlauben, sowohl Energie zu empfangen als auch auszusenden? Das Prinzip des energetischen Austauschs ist ein Schlüsselkonzept auf dem Pfad der Shaolin, ein unsichtbares Band, das das Gleichgewicht von Geben und Nehmen aufrechterhält. Doch um auf diesem Pfad zu wachsen und sich zu entwickeln, ist es notwendig, tiefer in sich selbst hineinzuschauen und jene Tugenden zu kultivieren, die das Herz der Shaolin-Lehre ausmachen. Es sind die Qualitäten von Geduld und Mut, die Ihnen helfen, den unvermeidlichen Stürmen des Lebens zu begegnen und die Herausforderungen, die auf Ihrem Weg liegen, mutig zu meistern. Geduld, oder Nài Xīn, ist ein kraftvolles Werkzeug auf dieser Reise. Sie erfordert die Fähigkeit, das Herz auszuhalten, auch wenn das Ziel unerreichbar scheint und der Weg unsicher ist. Es ist die Stille im Auge des Sturms, die Sie immer weiter vorantreibt, auch wenn der Weg steil und der Fortschritt langsam ist. Mut, Yǒng Gǎn, ist das Feuer, das in Ihnen brennt und Ihnen erlaubt, Ihre Ängste zu überwinden und die richtigen Entscheidungen zu treffen. Es ist nicht die Abwesenheit von Angst, sondern die Entschlossenheit, sie zu konfrontieren und zu überwinden. Wie ein mächtiger Fluss, der unaufhaltsam vorwärts strömt, auch wenn ihm Hindernisse in den Weg gelegt werden.

Diese Erkenntnisse und Praktiken sind das Herzstück der Shaolin-Lehre und bilden das Fundament für ein erfülltes und harmonisches Leben. Sie lehren uns, wie wir wie wir sind und was andere damit zu tun haben. Sie laden dazu ein, den eigenen Weg bewusst zu wählen und in jeder Begegnung die Möglichkeit zum Wachstum und zur Transformation zu erkennen.

Spiegel der Gesellschaft - Die Fünf Beziehungen

Die Weisheit der Shaolin betont die Bedeutung der Fünf Beziehungen, die die Dynamik unseres täglichen Lebens bestimmen:

- zwischen Eltern und Kindern
- zwischen Ehepartnern
- zwischen Freunden

• zwischen älteren und jüngeren Generationen

• zwischen Regierenden und Bürgern

Jede dieser Beziehungen ist ein Spiegel, in dem wir uns selbst sehen und durch den wir uns selbst besser verstehen können.

In der Shaolin-Lehre ist eine alte Erzählung bekannt:

Der junge Mönch und der Teich

Sie beginnt an einem klaren Morgen, als der junge Mönch, voller Neugier und Eifer, einen einsamen Pfad durch den üppigen Bambuswald hinter dem Kloster einschlug. Dieser junge Mönch, kaum älter als ein Knabe, war erst vor wenigen Monden in das Kloster eingetreten und befand sich noch in der Anfangsphase seiner Ausbildung. An diesem Morgen war er auf der Suche nach einem ruhigen Ort, um in Meditation zu verweilen und die Lehren, die er gelernt hatte, zu verinnerlichen. Seine Füße trugen ihn tiefer in den Wald hinein, vorbei an jahrhundertealten Bäumen und blühenden Wildblumen, bis er schließlich einen kleinen, unberührten Teich erreichte. Der junge Mönch kniete am Ufer des Teiches nieder und schaute ins Wasser. Er erwartete sein eigenes Gesicht zu sehen, stattdessen sah er jedoch eine lebendige Reflexion der Welt um ihn herum. Die Bäume, die den Teich umgaben, standen majestätisch in ihrem grünen Kleid. Der Himmel, azurblau und unendlich, strahlte Ruhe und Frieden aus. Selbst die Vögel, die hoch über ihm in den Baumwipfeln sangen, schienen auf der Oberfläche des Teiches zu tanzen.

Er verstand plötzlich, dass er - wie der Teich - das widerspiegelte, was ihn umgab. Der Teich, obwohl er still und ruhig war, zeigte ihm eine dynamische Welt - die Welt, in der er lebte und atmete. Er erkannte, dass die Menschen, die er in seinem Leben um sich herum hielt, die Natur, die ihn umgab, und die Lehren, die er im Kloster lernte, alle Teil seines eigenen Spiegelbildes waren. Sie prägten ihn, formten seinen Charakter und sein Verständnis von der Welt. Von diesem Tag an, ging der junge Mönch mit einem tieferen Verständnis von sich selbst und seiner Verbindung zur Welt um ihn herum durchs Leben. Er erkannte, dass er und der Teich nicht so verschieden waren. Wie der Teich die Welt um ihn herum widerspiegelte, so spiegelte er die Menschen, die Werte und die Umgebung, die ihn umgaben, in seinem eigenen Sein wider.

Dies stellt eine Allegorie für den Einfluss unserer Umgebung auf unser Denken und Handeln dar. Unsere Gedanken, Wahrnehmungen und unser Verhalten werden maßgeblich durch die Kontexte und Beziehungen geprägt, in denen wir agieren. Ähnlich wie das Teichwasser die Gestalt der ihn umgebenden Landschaft aufnimmt, so werden auch wir durch unsere Beziehungen geformt. Die bewusste Pflege dieser fünf Beziehungen ist daher von größter Bedeutung. Wer sind die Menschen, die unsere Gedanken und Handlungen beeinflussen? Teilen sie die Werte, die wir schätzen? Unterstützen sie die Tugenden, die wir kultivieren wollen? Fordern sie unser Wachstum und unsere Entwicklung heraus?
Ein weiterer wichtiger Aspekt, den die Shaolin-Lehre unterstreicht, ist die gegenseitige Beeinflussung innerhalb dieser Beziehungen. Wir sind nicht nur passive Empfänger der Einflüsse unserer Umgebung, sondern auch aktive Mitgestalter. Unsere Handlungen und unser Verhalten haben ebenso einen Einfluss auf die Menschen um uns herum, wie sie auf uns wirken. Betrachten Sie in diesem Kontext auch die Shaolin-Philosophie der Selbstkultivierung, die nicht nur das Streben nach persönlicher Entwicklung und Verbesserung umfasst, sondern auch das Streben, positive Veränderungen in unserem Umfeld zu bewirken. Indem Sie die Tugenden von Respekt, Vertrauen, Loyalität, Bescheidenheit und Rechtschaffenheit in sich selbst kultivieren, sollten Sie auch bestrebt sein, diese Werte in Ihren Beziehungen zu fördern. Im Shaolin-Konzept der harmonischen Gemeinschaft ist die gegenseitige Unterstützung und das Wachstum aller Mitglieder von

zentraler Bedeutung. So wie der Teich das Licht der Sonne reflektiert und die umgebenden Bäume nährt, sollten Sie das Licht Ihrer Weisheit und Güte reflektieren und die Menschen um Sie herum nähren. In dieser Weisheit der Shaolin, überprüfen Sie Ihre fünf Beziehungen und pflegen Sie sie weise. Sie sind der Teich, und Ihre fünf Beziehungen sind die Landschaft, die Sie widerspiegeln. Gestalten Sie diese Reflexion so, dass sie den Werten entspricht, die Sie in sich selbst kultivieren möchten.

Wie zwischenmenschliche Energie funktioniert

Haben Sie jemals bemerkt, wie Sie sich nach einer lebhaften Unterhaltung mit Ihrem inspirierenden Freund, dem Marathonläufer, voller Energie und Motivation fühlen, bereit, selbst einen Lauf zu starten? Oder wie Sie sich nach einem Gespräch mit einem ständig gestressten Kollegen müde und entkräftet fühlen, als ob Sie seine Lasten mit sich tragen würden? Es ist, als würden Sie die Energie des Anderen absorbieren. Dies ist ein Phänomen, das tief in den Lehren der Shaolin verankert ist und das auch durch die moderne Wissenschaft durch das Konzept der Spiegelneuronen erklärt wird.

Im Zentrum der Shaolin-Philosophie steht die Vorstellung von Qi, der Lebensenergie. In der Interaktion mit anderen fließt diese Energie, sie wird ausgetauscht und transformiert. Wenn Sie in der Gegenwart einer Person sind, die von positivem Qi erfüllt ist, einer Person, die Güte, Respekt und Liebe ausstrahlt, dann fühlen Sie sich energetisch, erfüllt und aufgeladen. Im Gegensatz dazu kann der Umgang mit jemandem, der negative Energie ausstrahlt, Sie erschöpft und leer zurücklassen. Dieses Phänomen der Energieübertragung ist nicht nur ein spirituelles Konzept, es hat auch eine wissenschaftliche Grundlage. Im Gehirn gibt es spezielle Neuronen, die sogenannten Spiegelneuronen, die aktiv werden, wenn wir die Handlungen, Emotionen und sogar die Absichten anderer beobachten. Sie spiegeln im wahrsten Sinne des

Wortes das Verhalten des Gegenübers, als ob wir selbst die Handlung ausführen oder die Emotion empfinden würden.

Exkurs: Spiegelneuronen - Brücken des Mitgefühls und der Verbindung

Die Entdeckung der Spiegelneuronen war ein Paradigmenwechsel in unserem Verständnis des menschlichen Gehirns und unserer zwischenmenschlichen Beziehungen. Spiegelneuronen sind spezielle Zellen in unserem Gehirn, die sowohl dann aktiv werden, wenn wir eine Handlung ausführen, als auch wenn wir eine andere Person die gleiche Handlung ausführen sehen. Sie bilden sozusagen eine Brücke zwischen der Beobachtung und der Ausführung einer Handlung, was zu einer "inneren Nachahmung" führt.

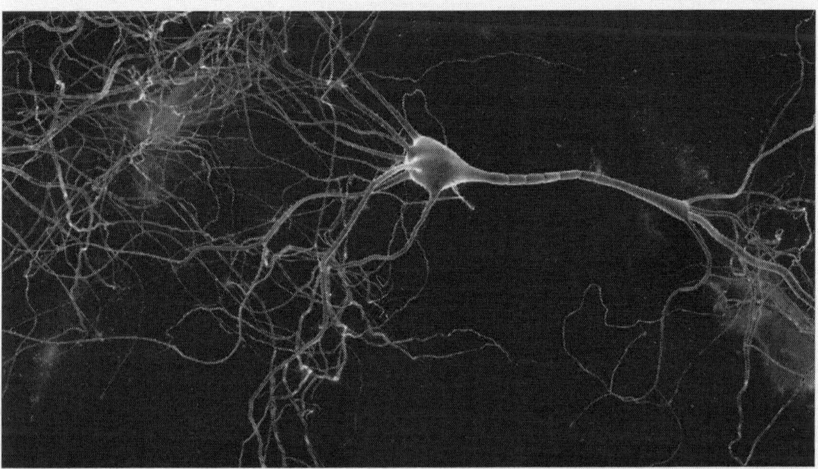

Spiegelneuronen wurden erstmals in den 1990er Jahren bei Rhesusaffen entdeckt. Forscher beobachteten, dass bestimmte Neuronen im Gehirn des Affen feuerten, wenn der Affe eine bestimmte Handlung ausführte, zum Beispiel das Greifen nach einer Erdnuss. Überraschenderweise feuerten dieselben Neuronen auch, wenn der Affe beobachtete, wie ein Forscher die gleiche Handlung ausführte.

Seitdem wurde dieses Phänomen auch beim Menschen nachgewiesen und hat unsere Sicht auf viele Aspekte des menschlichen Verhaltens, einschließlich Lernen, Empathie und Sozialverhalten, grundlegend verändert. Spiegelneuronen ermöglichen uns, die Handlungen, Emotionen und sogar die Absichten anderer zu verstehen, indem sie uns eine innere Erfahrung dessen vermitteln, was die andere Person gerade erlebt. Wenn Sie zum Beispiel sehen, wie jemand lächelt, werden die Spiegelneuronen in Ihrem Gehirn aktiviert, als ob Sie selbst lächeln würden. Das Gleiche gilt für andere Emotionen: Wenn Sie sehen, wie jemand weint, aktivieren Ihre Spiegelneuronen die gleichen Bereiche in Ihrem Gehirn, die aktiv wären, wenn Sie selbst weinen würden. Auf diese Weise tragen Spiegelneuronen zu unserem empathischen Verständnis bei, indem sie uns ermöglichen, uns in die emotionale Erfahrung der anderen Person hineinzufühlen.
Darüber hinaus spielen Spiegelneuronen eine Schlüsselrolle beim Lernen durch Beobachtung. Wenn Sie zum Beispiel beobachten, wie ein Shaolin-Meister eine bestimmte Bewegung ausführt, werden Ihre Spiegelneuronen diese Bewegung "nachahmen", indem sie die gleichen Bereiche in Ihrem Gehirn aktivieren, die aktiv wären, wenn Sie die Bewegung selbst ausführen würden. Durch wiederholtes Beobachten und Nachahmen können Sie schließlich die Bewegung selbst ausführen. Aber Spiegelneuronen sind nicht nur passive Nachahmer, sie sind auch an der Vorwegnahme und Vorhersage von Handlungen beteiligt. Sie ermöglichen es uns, die Absichten und Ziele anderer zu verstehen, indem sie uns eine innere Vorstellung davon geben, was die andere Person als nächstes tun wird.

Spiegelneuronen sind ein integraler Bestandteil unseres empathischen Verständnisses, sie ermöglichen es uns, uns in andere hineinzuversetzen, ihre Gefühle zu teilen und ihre Perspektiven zu verstehen. Sie sind die Brücke, die uns mit anderen verbindet, sie sind das Fenster zu unseren zwischenmenschlichen Beziehungen.

Aber wie funktioniert das auf energetischer Ebene?

Stellen Sie sich vor, dass jede Interaktion, die Sie haben, eine Art energetische Konversation ist, bei der Sie und die andere Person ständig Energie austauschen. Wenn das Gegenüber Freude und Positivität ausstrahlt, werden Ihre Spiegelneuronen aktiv und imitieren diese emotionalen Zustände, wodurch Sie sich erfüllt und energetisch fühlen. Im Gegensatz dazu, wenn das Gegenüber Wut, Traurigkeit oder Negativität ausstrahlt, werden Ihre Spiegelneuronen diese Emotionen ebenfalls spiegeln, was zu Gefühlen der Erschöpfung und Leere führen kann. Es ist daher wichtig, sich dieser Dynamik bewusst zu sein und bewusste Entscheidungen zu treffen, mit wem Sie Ihre Zeit verbringen. Indem Sie Menschen suchen, die positive Energie ausstrahlen, können Sie Ihre eigenen Energiereserven auffüllen und gleichzeitig eine positive Energie in die Welt ausstrahlen. Auf der anderen Seite, wenn Sie sich ständig mit Menschen umgeben, die Negativität ausstrahlen, könnte dies dazu führen, dass Sie sich ständig erschöpft und entleert fühlen.

In den Shaolin-Übungen zur Energiekultivierung, wie Qigong und Meditation, lernen die Mönche, ihre eigene Energie zu beherrschen und zu kultivieren, um sie in positive Bahnen zu lenken. Sie lernen auch, sich vor negativer Energie zu schützen und wie sie diese in positive Energie umwandeln können. Diese Fähigkeiten können nicht nur dazu beitragen, dass sie selbst gesund und vital bleiben, sondern sie können auch dazu beitragen, dass sie eine Quelle der positiven Energie für die Menschen in ihrer Umgebung sind.

Bedenken Sie also immer: Sie sind nicht nur ein Empfänger, sondern auch ein Sender von Energie. Ihre Gedanken, Worte und Handlungen haben Einfluss auf die Menschen in Ihrem Leben. Sie haben die Kraft, Ihre eigene Energie und die Energie Ihrer Umgebung zu formen und zu beeinflussen. Wie der große Shaolin-Meister Shi De Li sagte: "Sei wie ein Lotus, der das Wasser nicht befleckt, obwohl er in ihm wächst." Genauso wie der Lotus unberührt von der Verschmutzung des Wassers bleibt, können auch Sie Ihre eigene Energie bewahren und kultivieren, unabhängig von der Energie der Menschen um Sie herum.

Die Reise zur Beherrschung der eigenen Energie ist eine Lebensaufgabe und erfordert Disziplin, Achtsamkeit und ständiges Üben. Aber es ist eine lohnende Reise, die Sie zu innerem Frieden, Harmonie und letztendlich zur Erleuchtung führen kann. Denn wie in den Shaolin-Lehren festgehalten: "Der Geist ist der Ursprung von allem. Wenn der Geist ruhig ist, ist alles ruhig. Wenn der Geist bewegt ist, ist alles bewegt." Daher, kultivieren Sie Ihren Geist, nähren Sie Ihren Geist mit positiver Energie, und Sie werden die Welt um Sie herum positiv verändern.

Die Stärke des stillen Flusses - Geduld als Weg zum Fortschritt

Geduld, oder Nài Xīn, ist ein zentraler Pfeiler der Shaolin-Lehren und verwebt sich durch alle Aspekte des Shaolin-Weges. Das Wort "Xīn" bedeutet in der Tat "Herz", und "Nài" bezeichnet das Aushalten. Daher ist Geduld im Grunde genommen das Aushalten des Herzens, das Ausharren trotz Schwierigkeiten, das Festhalten an einer Sache, selbst wenn der Erfolg noch nicht greifbar ist. Es ist die stille Kraft, die das Unmögliche möglich macht, die das unüberwindbare Hindernis überwindet, die das Herz ausdauern lässt, selbst wenn der Verstand sagt, es sei zwecklos.

Vergleichen Sie Geduld mit einem stillen Fluss. Auf den ersten Blick mag ein Fluss still und ruhig erscheinen, doch unter der Oberfläche gibt es eine stetige, unaufhörliche Bewegung. Das Wasser lässt nicht nach, es fließt weiter, durchbricht Barrieren, überwindet Hindernisse, formt Landschaften. Es lässt nicht nach, selbst wenn es auf einen Stein trifft, es fließt einfach um ihn herum und setzt seinen Weg fort. Das ist Geduld. Das ist Nài Xīn. Das Herz, das den Geduldsprozess aushält, ist ein mutiges Herz. Es ist das Herz, das sich nicht von der Angst besiegen lässt, das sich nicht von der Unsicherheit einschüchtern lässt, das sich nicht von der Schwierigkeit abschrecken lässt. Es ist das Herz, das mutig gegen den Strom schwimmt, das standhaft bleibt, selbst wenn der Gegenwind stark ist.

Denken Sie daran, dass Geduld kein Zeichen von Passivität oder Resignation ist. Es ist nicht das stille Ausharren und Warten auf ein Wunder. Es ist ein aktiver, bewusster Prozess. Es ist das stete, unermüdliche Weiterarbeiten an sich selbst und an der Aufgabe, die vor einem liegt, unabhängig von den Schwierigkeiten, die man unterwegs begegnet. Es ist das kontinuierliche Streben nach Verbesserung, das konstante Bemühen, besser zu werden, auch wenn der Fortschritt manchmal nur in kleinen Schritten erfolgt. Geduld ist auch die Fähigkeit, in Zeiten der Unsicherheit und des Unwissens standhaft zu bleiben. Manchmal wissen wir nicht, warum wir eine bestimmte Erfahrung machen müssen, warum wir eine bestimmte Herausforderung meistern müssen. In solchen Zeiten kann Geduld ein mächtiger Verbündeter sein. Sie erinnert uns daran, dass nicht alles sofort einen Sinn ergeben muss, dass es in Ordnung ist, nicht alle Antworten zu haben, dass es manchmal ausreicht, einfach den nächsten Schritt zu machen, auch wenn das gesamte Bild noch nicht klar ist. Im Shaolin-Verständnis ist Geduld ein lebenslanger Begleiter auf dem Weg zur Meisterschaft. Sie ist der unsichtbare Faden, der den Shaolin-Mönch durch alle Höhen und Tiefen führt, der ihn daran erinnert, dass der Weg das Ziel ist, und dass wahre Meisterschaft nicht darin besteht, das Ziel zu erreichen, sondern darin, den Weg mit Geduld, Ausdauer und unerschütterlichem Glauben an sich selbst zu gehen.

Im Einklang mit diesem Verständnis, üben Sie sich in Geduld. Lassen Sie Ihr Herz aushalten. Bleiben Sie standhaft, auch wenn das Ziel unerreichbar scheint. Halten Sie an, selbst wenn Sie den Sinn noch nicht erkennen können. Geduld wird Sie dazu befähigen, Fortschritte zu machen, sich stetig zu verbessern und schließlich die Früchte Ihrer Anstrengungen zu ernten. Sie sind der Fluss, und Geduld ist die stille Kraft, die Sie auf Ihrem Weg voranbringt.

Die Flamme des Geistes - Mut als Leitstern durch den Sturm

Mut, oder Yǒng Gǎn, ist die fünfte Tugend des Geistes in der Shaolin-Lehre und eine der wichtigsten Tugenden auf dem Weg der persönlichen Entwicklung. Ähnlich wie das Licht einer Flamme, die in der Dunkelheit leuchtet, fungiert Mut als unser Leitstern durch die Stürme des

Lebens, der uns hilft, auch in schwierigen Situationen richtig zu handeln und unsere Ängste zu überwinden.

In der Shaolin-Philosophie wird Mut nicht als Abwesenheit von Angst verstanden, sondern als die Fähigkeit, trotz der Angst zu handeln. Angst selbst ist nicht unbedingt negativ. Sie kann uns auf Gefahren aufmerksam machen und uns dazu anspornen, uns auf Herausforderungen vorzubereiten. Doch wenn sie uns lähmt und uns davon abhält, zu handeln, kann sie zu einem Hindernis auf unserem Weg werden.

Stellen Sie sich Mut als einen Bergsteiger vor, der eine steile Klippe erklimmt. Trotz des Risikos, trotz der Höhe, trotz der Gefahr, setzt der Bergsteiger einen Fuß vor den anderen, hält sich fest und steigt höher. Er hat Angst, ja. Aber er lässt diese Angst nicht seine Entscheidungen diktieren. Er überwindet sie, indem er den nächsten Schritt macht, indem er weiter klettert, indem er seinem Ziel treu bleibt.

Mut ermöglicht uns, die richtigen Entscheidungen zu treffen, auch wenn diese Entscheidungen uns Angst machen oder uns aus unserer Komfortzone herausführen. Er erinnert uns daran, dass Wachstum oft mit Unbehagen einhergeht und dass wir manchmal Risiken eingehen müssen, um voranzukommen.

Angst hingegen schafft Distanz. Sie baut Mauern um uns herum und hält uns davon ab, unser volles Potenzial zu entfalten. Sie hindert uns daran, die Chancen zu ergreifen, die sich uns bieten, und die Herausforderungen anzunehmen, die uns helfen, zu wachsen. Sie kann uns daran hindern, unser wahres Ich zu leben und unsere Träume zu verfolgen. Aber Mut kann diese Mauern einreißen. Mut kann die Distanz überbrücken. Mut kann uns helfen, unsere Ängste zu überwinden und unser wahres Potenzial zu entfalten. Er kann uns helfen, die richtigen Entscheidungen zu treffen und unser Leben nach unseren eigenen Regeln zu leben.

Praxis: Die Konfrontation mit dem Tiger - Kultivierung von Mut

"Die Konfrontation mit dem Tiger" ist eine spezielle Übung, die darauf abzielt, Mut zu kultivieren und Ängste zu überwinden.

- Suchen Sie einen stillen Ort, an dem Sie ungestört sind und sich auf die Übung fokussieren können. Begeben Sie sich in eine bequeme Sitzposition, schließen Sie Ihre Augen und lenken Sie Ihre Konzentration nach innen.
- Atmen Sie tief und bewusst, lassen Sie Ihren Atem gleichmäßig und ruhig fließen. Mit jedem Atemzug fühlen Sie, wie Sie innerlich zur Ruhe kommen und sich zentrieren.
- Stellen Sie sich einen Tiger vor. Er ist mächtig und einschüchternd, aber auch majestätisch und anmutig. Der Tiger symbolisiert Ihre Ängste und Schwierigkeiten.
- Visualisieren Sie nun, wie Sie mutig auf den Tiger zulaufen. Sie blicken ihm direkt in die Augen. Vielleicht zittern Ihre Beine, Ihr Herz schlägt schneller, aber Sie halten dem Blick des Tigers stand.
- Sagen Sie zu sich selbst: "Ich sehe meine Angst. Ich anerkenne sie. Aber ich werde sie nicht meine Handlungen bestimmen lassen. Ich bin größer als meine Angst."
- Visualisieren Sie, wie Sie den Tiger zähmen. Vielleicht setzen Sie sich neben ihn und streicheln sein Fell. Vielleicht reiten Sie auf ihm. Sie haben den Tiger - Ihre Angst - gezähmt. Sie sind immer noch respektvoll vor seiner Stärke, aber Sie lassen sich nicht mehr von ihm beherrschen.
- Nehmen Sie einen tiefen Atemzug und lassen Sie das Bild des Tigers los. Spüren Sie die neu gewonnene Kraft und den Mut in sich. Sagen Sie zu sich selbst: "Ich habe den Mut, meine Ängste zu überwinden."
- Beenden Sie die Praxis, indem Sie langsam Ihre Augen öffnen und sich wieder Ihrer Umgebung bewusst werden. Tragen Sie den Mut, den Sie während dieser Übung kultiviert haben, mit in Ihren Alltag.

Hinweis:
Wiederholen Sie diese Übung regelmäßig, um Ihren Mut zu stärken und Ihre Ängste besser zu verstehen und zu überwinden. Mit der Zeit werden Sie feststellen, dass Sie sich mutiger fühlen und besser auf Ihre Ängste reagieren können.

So wie der Bergsteiger die Klippe erklimmt, so müssen wir auch unsere eigenen Berge erklimmen, unsere eigenen Ängste überwinden und unseren eigenen Weg gehen. Und der Schlüssel dazu ist Mut. In der Shaolin-Lehre wird uns gezeigt, dass Mut nicht nur eine Tugend, sondern auch ein Werkzeug ist, das wir einsetzen können, um unsere Ängste zu überwinden und unser wahres Potenzial zu entfalten.

Konfrontieren Sie Ihre Ängste. Treffen Sie die richtigen Entscheidungen, auch wenn sie schwierig sind. Lassen Sie Ihren Mut leuchten, wie eine Flamme in der Dunkelheit, und lassen Sie ihn Sie durch die Stürme des Lebens führen. Sie sind der Bergsteiger, und Mut ist Ihr Seil und Ihr Sicherheitsgurt auf dem Weg nach oben.

MACHTMISSBRAUCH UND TYRANNEI VERMEIDEN

8. "Missbrauche nicht deine Macht, unterdrücke nicht das Gute, tyrannisiere nicht das Liebenswerte: Das ist der Weg der Gerechtigkeit, wie ihn die Shaolin lehren."

Unter Anleitung der Weisheit der Shaolin-Lehren untersucht dieser Abschnitt die tiefgreifende Bedeutung von Macht und deren möglichen Missbrauch, wie im achten Gesetz der Shaolin dargestellt.
Der Prozess startet mit der Erkenntnis, wie der Charakter sich in Zeiten von Herausforderungen und Turbulenzen manifestiert, und geht über zur Entwicklung von Lösungsansätzen durch das Praktizieren

von Verzicht und Einfachheit. Weiter wird die Bedeutung von Einfachheit und Verzicht im Alltag untersucht, mit dem Ziel, die Begierden des Geistes zu beruhigen und einen minimalistischen Lebensstil zu fördern. Abschließend wird die zentrale Bedeutung von Selbstfürsorge und Selbstzentrierung hervorgehoben, welche gemäß der Shaolin-Lehren als wesentlicher Akt der Nächstenliebe gelten. In jedem dieser Schritte werden die Weisheiten der Shaolin enthüllt, die zur Orientierung und Verständnis in der modernen Welt beitragen können. Jedes Konzept und jede Praxis wird mit Sorgfalt und Respekt gegenüber der ursprünglichen Tradition der Shaolin behandelt, um das tiefe Verständnis und die Anwendung dieser Lehren in unserem täglichen Leben zu fördern. Dieser Prozess, wie die Shaolin-Mönche sagen, beginnt mit der Achtung des eigenen Selbst und kommt schließlich allen zugute.

Wann sich wahrer Charakter zeigt

Bei den Shaolin existiert ein überliefertes Sprichwort, das besagt:

> *"Sei wie der Bambus, stark in seiner Standhaftigkeit, doch flexibel unter dem Sturm. Es offenbart seine wahre Stärke nicht in Zeiten der Ruhe, sondern wenn der Wind am stärksten weht."*

Diese tiefgründige Metapher offenbart die Philosophie, dass der wahre Charakter eines Menschen nicht in Zeiten der Bequemlichkeit und des Wohlstands, sondern in Phasen der Anstrengung und der Unruhe zu Tage tritt. Der Bambus steht für das Individuum, das in Zeiten der Stille seine wahre Natur verbirgt und erst in der Begegnung mit dem Sturm - symbolisch für Macht und Reichtum - seine innere Stärke und Resilienz offenbart. Häufig stellen Macht und materielle Fülle diesen metaphorischen Sturm dar, der das Wesen des Menschen aufwühlt, seine tiefsten Tiefen bloßlegt und die innere Essenz zum Vorschein bringt. Werden einem Individuum Macht und materielle Güter gewährt, kommt es einer Sturmfront gleich, die auf den ruhigen See des individuellen Selbst trifft und dessen Oberfläche aufbricht. Der stille Fluss des Alltags wird gestört, und was im Tiefeninneren schlummert, kommt an die Oberfläche. Doch in dieser Bewährungsprobe offenbart sich nicht immer das Licht, sondern häufig auch die Schatten der menschlichen Natur. Es kann passieren, dass durch den Mangel an Selbstreflexion und innerer Disziplin die Macht und der Reichtum, statt zur Quelle des Wohlbefindens, zur Quelle des Leidens werden. Der klare See des Selbst kann in einen wütenden Sturm verwandelt werden, in dem die düsteren Wellen der Gier und des Machtmissbrauchs die Oberfläche aufpeitschen. Doch die Weisheit der Shaolin bietet ein Leuchtfeuer in diesem Sturm. Die Shaolin-Lehre legt großen Wert auf die Übung der Einfachheit und des Verzichts. Das chinesische Zeichen "Pǔ" symbolisiert Einfachheit und Natürlichkeit, während "Shè" den Akt des Loslassens und des Verzichts repräsentiert. Gemeinsam bilden sie die Praxis des Loslassens und der Einfachheit, die den stürmischen Gewässern des Sees Einhalt gebieten und den Geist klären.

Übung: Das Prinzip des Bambus

- Atemmeditation

Beginnen Sie mit einer einfachen Atemmeditation. Setzen Sie sich in einer angenehmen Position hin, schließen Sie die Augen und richten Sie Ihre Aufmerksamkeit auf den Atem. Fühlen Sie, wie die Luft einströmt und wieder ausströmt. Stellen Sie sich vor, dass mit jedem Atemzug Ruhe in Ihr Inneres einfließt und Unruhe und Spannung mit jedem Ausatmen entweichen. Machen Sie dies für ein paar Minuten.

- Visualisierung

Jetzt visualisieren Sie sich selbst als Bambus im Sturm. Stellen Sie sich vor, wie der Wind Sie hin- und herweht, aber Sie bleiben standhaft und biegsam. Sie sind stark genug, um dem Wind standzuhalten, und gleichzeitig flexibel genug, um sich ihm anzupassen und nicht zu brechen.

• Selbstreflexion

Denken Sie nun an eine Situation, in der Sie Macht oder Reichtum besessen haben oder in der Sie beides besitzen könnten. Wie haben Sie reagiert oder wie würden Sie reagieren? Würden Sie sich wie der Bambus verhalten und Ihre Stärke und Flexibilität zeigen, oder würden Sie brechen?

• Übung des Loslassens

Jetzt üben Sie das Loslassen. Stellen Sie sich vor, Sie würden Macht und Reichtum loslassen und sich für ein einfacheres, authentischeres Leben entscheiden. Wie würde sich das anfühlen? Welche Veränderungen würden sich in Ihrem Leben zeigen? Wie würde sich Ihr Charakter dadurch offenbaren?

• Abschluss

Zum Abschluss der Übung atmen Sie tief ein und aus. Öffnen Sie die Augen und nehmen Sie sich einen Moment Zeit, um die Erfahrungen und Erkenntnisse dieser Übung zu reflektieren. Nehmen Sie sich vor, im Alltag aufmerksamer und bewusster mit Macht und Reichtum umzugehen und die Tugenden der Shaolin in Ihren täglichen Entscheidungen und Handlungen zu verankern.

Diese Übung erlaubt es Ihnen, sich von den Fesseln der Macht und des Reichtums zu lösen und sich für ein authentisches und einfaches Leben zu entscheiden. Sie ermöglicht Ihnen, den klaren See Ihrer Seele zu bewahren, indem Sie die Wellen der Verlockung und der Begierde beruhigen. Es wird Sie daran erinnern, dass der wahre Wert nicht in den äußeren Zeichen von Macht und Reichtum liegt, sondern in der Stärke Ihres Charakters und der Tiefe Ihrer inneren Weisheit. Wenn Sie also das nächste Mal vor der Herausforderung stehen, Macht oder Reichtum zu handhaben, erinnern Sie sich an den Bambus. Üben Sie den Verzicht und die Einfachheit, um den Sturm zu beruhigen und die Klarheit Ihres Seins zu bewahren. Denn letztendlich definiert nicht die

Macht oder der Reichtum Ihren Charakter, sondern die Art und Weise, wie Sie diese handhaben. In der Ruhe und Klarheit Ihres Geistes offenbart sich Ihr wahrer Charakter - ein Charakter, der in Einklang mit den tugendhaften Prinzipien der Shaolin steht.

Einfachheit und Verzicht üben

In der Lehre der Shaolin ist das Üben von Einfachheit und Verzicht ein entscheidender Schritt auf dem Weg zur Meisterschaft des Geistes. Es handelt sich dabei nicht nur um bloße Selbstbeherrschung, sondern um eine bewusste Entscheidung, den Geist von den Ketten der Begierde zu befreien und in einen Zustand der Klarheit und Ruhe zu versetzen. Ein Geist, der von Verlangen und Begierde befreit ist, ist wie ein ruhiger See, der die Welt klar und ohne Verzerrung reflektiert.

In der Tradition des Shaolin, bedeutet das Üben von Einfachheit und Verzicht, einen bescheidenen Lebensstil zu pflegen. Die Notwendigkeit einer solchen Lebensweise ergibt sich nicht aus der Vermeidung von Vergnügen oder der Selbstbestrafung, sondern aus der Erkenntnis, dass übermäßige Abhängigkeit von materiellen Gütern das innere Gleichgewicht stört und den Geist vom Wesentlichen ablenkt.

Eine Methode, um Simplizität und Enthaltsamkeit zu üben, könnte in regelmäßigem Fasten bestehen. Hierbei bezieht sich das Fasten nicht ausschließlich auf das Absehen von Nahrungsmitteln, sondern auch auf das Vermeiden bestimmter Konsumartikel und Gewohnheiten, die dazu tendieren, uns abzulenken oder uns in einen Zyklus unaufhörlichen Begehrens zu stürzen. Das Fasten ermöglicht es dem Geist und dem Körper, sich zu regenerieren und zu reinigen, und bietet uns die Gelegenheit, unsere inneren Bedürfnisse und Wünsche besser zu erkennen und zu verstehen.

Die Einfachheit des Lebens wird ebenfalls durch das Praktizieren von Minimalismus erreicht. Minimalismus ist das Streben nach weniger, aber besser. Es ist der Glaube, dass wir nicht mehr besitzen müssen, um mehr zu sein. Durch das Reduzieren unseres physischen Besitzes auf das, was wirklich notwendig und bedeutungsvoll ist, können wir uns von den Fesseln der materiellen Welt befreien und Raum für das schaffen, was im Leben wirklich zählt.

Zur Erinnerung: Im Shaolin-Kloster wird der Grundsatz der Einfachheit durch das tägliche Leben der Mönche demonstriert. Sie leben in einfachen Unterkünften, besitzen nur das Notwendigste und verbringen ihre Tage mit Meditation, körperlichem Training und der Erfüllung ihrer Pflichten im Kloster. Ihr Lebensstil dient als lebendiges Beispiel dafür, wie man Einfachheit und Verzicht praktizieren und trotzdem ein erfülltes und bedeutungsvolles Leben führen kann.

Praxis: Einfachheit und Verzicht im modernen Alltag – eine Anleitung

Die Kultivierung von Einfachheit und Verzicht in der modernen Gesellschaft kann als eine kontroverse Idee erscheinen, ist jedoch zutiefst befreiend und steht in Einklang mit den Prinzipien der Shaolin.

Dabei geht es weniger um die Ablehnung des Fortschritts oder des Komforts, die unsere moderne Welt bietet, sondern um die Erkenntnis, dass wahrer Frieden und Erfüllung von innen kommen und nicht durch äußere Umstände oder Besitztümer erreicht werden können.

- Beginnen Sie mit dem Geist. Reduzieren Sie die Informationsflut, der Sie täglich ausgesetzt sind. Nehmen Sie sich jeden Tag Zeit für Stille und Meditation, um Ihren Geist zu beruhigen und zu zentrieren. Nutzen Sie diese Zeit, um Ihre Gedanken zu klären, Ihren Atem zu beobachten und den gegenwärtigen Moment zu erfahren. Dies ist der erste Schritt, um den Geist von unnötigem Lärm zu befreien und Platz für Klarheit und Ruhe zu schaffen.

- Im Bereich der materiellen Güter ist der erste Schritt, sich bewusst zu machen, was Sie wirklich benötigen und was nur dazu dient, vorübergehende Begierden zu befriedigen. Fragen Sie sich bei jedem Gegenstand, den Sie besitzen oder kaufen möchten: "Brauche ich das wirklich? Fügt es Wert zu meinem Leben hinzu?" Es kann hilfreich sein, sich vorzustellen, dass jedes Ding, das Sie besitzen, einen Raum in Ihrem Geist einnimmt. Ist es das wert?

- Üben Sie Verzicht, indem Sie sich regelmäßig von Dingen trennen, die Sie nicht mehr benötigen oder die keinen Wert mehr für Sie haben. Diese Praxis hilft nicht nur, Ihren physischen Raum zu klären, sondern befreit auch Ihren Geist von der Last, diese Dinge zu besitzen und zu pflegen.

- Ebenso kann das Fasten, ob es nun der Verzicht auf bestimmte Nahrungsmittel, digitale Medien oder bestimmte Gewohnheiten ist, eine kraftvolle Übung sein, um den Geist zu stärken und uns bewusster zu machen, was wir wirklich benötigen und was uns nur davon abhält, unser wahres Potenzial zu entfalten.

- Im Bereich der zwischenmenschlichen Beziehungen kann das Üben von Einfachheit und Verzicht darin bestehen, sich auf weniger, aber bedeutungsvollere Beziehungen zu konzentrieren und sich von Menschen zu distanzieren, die negative Energie in Ihr Leben bringen.

Hinweis:
Am Ende geht es darum, ein Leben zu führen, das im Einklang mit Ihren wahren Werten und Bedürfnissen steht, und sich von allem zu befreien, was Sie davon abhält, Ihre innere Ruhe und Klarheit zu erreichen. Es ist ein Weg, der Mut erfordert, aber die Belohnungen sind unermesslich. Ein Leben der Einfachheit und des Verzichts ist ein Leben in Harmonie mit sich selbst und der Welt um Sie herum. Es ist der Weg des Shaolin.

Es mag schwierig erscheinen, Einfachheit und Verzicht in unserer modernen, konsumorientierten Welt zu üben. Aber der Weg zur Meisterschaft beginnt immer mit einem einzigen Schritt. Beginnen Sie klein, indem Sie bewusst entscheiden, auf eine bestimmte Sache zu verzichten, oder indem Sie beginnen, ungenutzte oder unnötige Dinge aus Ihrem Leben zu entfernen. Im Laufe der Zeit werden diese kleinen Schritte zu einer tiefgreifenden Transformation führen, die es Ihnen ermöglicht, einen klaren und ruhigen Geist zu bewahren, unabhängig von den Stürmen, die um Sie herumtoben.

Bedenken Sie immer, dass das Ziel nicht darin besteht, sich selbst zu bestrafen oder zu leiden, sondern ein Leben zu führen, das im Einklang mit den wahren Bedürfnissen und Wünschen Ihres Herzens steht. Es geht darum, den Geist von den Fesseln der Begierde zu befreien und Raum für wahre Freude, inneren Frieden und tiefes Verständnis zu schaffen. Es geht darum, den wahren Weg des Shaolin zu gehen.

Wenn man auf sich selbst achtet, ist an alle gedacht!

Sich auf das eigene Selbst zu zentrieren, mag auf den ersten Blick als egozentrisch oder selbstsüchtig erscheinen. Die Weisheit der Shaolin-Lehre aber offenbart, dass dieser Pfad zur Selbstpflege eigentlich ein tiefer Akt der Nächstenliebe ist. Erinnern Sie sich an die Anweisungen, die Sie in einem Flugzeug vor dem Abheben hören: Im Notfall sollten Sie zuerst die eigene Sauerstoffmaske aufsetzen, bevor Sie anderen helfen. Dieses Prinzip lässt sich auf das gesamte Leben übertragen. Nur wenn Sie gut für sich selbst sorgen, haben Sie die Kapazität, auch anderen wirklich zu helfen. Es ist wie der alte Shaolin-Spruch: "Um andere zu erheben, müssen wir zuerst auf festem Boden stehen."

Das Üben der Selbstfürsorge - das Achten auf die eigene körperliche Gesundheit, das Pflegen des eigenen Geistes, das Nähren der eigenen Seele - ist grundlegend, um die Fähigkeit zu bewahren, Mitgefühl und Liebe zu anderen zu zeigen. Wenn Sie erschöpft oder unausgeglichen sind, können Sie nicht voll präsent sein und anderen auf die Art und Weise helfen, wie Sie es vielleicht möchten. Daher ist es entscheidend, dass Sie sich Zeit nehmen, um auf Ihre Bedürfnisse zu achten und sich selbst zu pflegen. Sich selbst zu zentrieren bedeutet, sich bewusst auf die eigene Mitte, das eigene "Dantian", zu konzentrieren. Dieser Punkt, der sich etwa zwei Fingerbreit unterhalb des Nabels befindet, wird in der chinesischen Medizin als das Zentrum des körperlichen und geistigen Gleichgewichts betrachtet. Durch Atemübungen, Meditation und Qi Gong kann man lernen, den Geist auf dieses Zentrum zu richten, um die eigene Energie zu stärken und zu harmonisieren. Ein wesentlicher Aspekt der Selbstfürsorge ist es, sich regelmäßig Zeit für Stille und Meditation zu nehmen. Es bedeutet, Raum für die eigene Atmung zu schaffen, den Körper zu pflegen und sich auf das zu konzentrieren, was wirklich zählt. Es erfordert eine bewusste

Entscheidung, sich selbst zu pflegen und sich diese Zeit und diesen Raum zu geben.
Die Übung der Selbstzentrierung und Selbstfürsorge (durch das tägliche Praktizieren der Shaolin-Kunst) ist nicht nur eine Methode zur Erhaltung der eigenen Gesundheit und des eigenen Wohlbefindens, sondern sie ermöglicht es uns auch, ein besserer Freund, Partner, Elternteil oder Kollege zu sein. Sie stärkt unsere Fähigkeit, anderen mit Mitgefühl, Freundlichkeit und Liebe zu begegnen. Letztlich ist es wichtig zu erkennen, dass die Sorge um sich selbst und die Sorge um andere keine getrennten Aspekte sind. Sie sind untrennbar miteinander verbunden, wie die zwei Seiten einer Medaille. Die wahre Kunst besteht darin, das Gleichgewicht zwischen diesen beiden Aspekten zu finden und zu bewahren. So ist es, wie die Shaolin-Mönche lehren: Wenn man auf sich selbst achtet, ist an alle gedacht!

REALISIEREN DER LIEBE

9. "Sei menschenfreundlich und einfühlsam, fördere Liebe und strebe danach, unendlichen Frieden und Glückseligkeit für alle Menschen zu realisieren."

Um die Tiefe dieser erhabenen Shaolin-Regel wirklich zu ergründen, ist es unerlässlich, den Weg der Selbstliebe einzuschlagen. Nur durch ein liebevolles und mitfühlendes Verhältnis zu sich selbst ist es möglich, diese Qualitäten auch anderen gegenüber zum Ausdruck zu bringen. Die Praxis der Selbstliebe ist dabei eine fortwährende Reise, die Ausdauer und Bewusstheit erfordert, und nicht einfach ein erreichbares Endziel. Während Sie sich auf diesen inneren Pfad der Selbstliebe begeben, wird Ihnen eine weitere essentielle Qualität begegnen, die tief in Ihrem Wesenskern verwurzelt ist - das Vertrauen. Innerhalb der Shaolin-Philosophie ist Vertrauen weit mehr als nur ein Charakterzug, den man gegenüber anderen an den Tag legt. Es ist ebenso von grundlegender Bedeutung, dieses Vertrauen in sich selbst zu pflegen. Sowohl vertrauenswürdig zu sein, als auch sich selbst zu vertrauen, sind zentrale Bestandteile eines erfüllten und harmonischen Lebens. Denn Vertrauen bildet das Fundament jeglicher Beziehungen, seien sie zu anderen Menschen oder zu Ihnen selbst.

Nachfolgend werden Sie auf eine Entdeckungsreise zu den vielfältigen Aspekten und Praktiken von Selbstliebe und Vertrauen eingeladen. Sie werden die Möglichkeiten erkunden, wie Sie diese noblen Tugenden kultivieren und in Ihren Alltag integrieren können. Auf diese Weise ebnen Sie den Weg, um den Geist der neunten Shaolin-Regel in Ihrem eigenen Leben zu verankern.

Liebe zu sich selbst als Akt der Nächstenliebe

In der Lehre der Shaolin steht das Konzept der Selbstliebe nicht für eine narzisstische Selbstanbetung oder Selbstvergötterung, sondern vielmehr für eine tief verwurzelte Achtung und Wertschätzung des eigenen Wesens. Es ist eine essentielle Tugend, die den Grundstein für alle menschlichen Beziehungen legt. So sagt ein altes Shaolin-Sprichwort: "Erst wenn man sich selbst liebt, kann man anderen mit reinem Herzen Liebe schenken."

Die Selbstliebe wird in der Shaolin-Lehre nicht als Egoismus oder Selbstsucht verstanden, sondern als der Ausdruck der universellen Liebe und des Mitgefühls, die in jedem von uns ruhen. Durch das Pflegen der Selbstliebe üben Sie nicht nur Fürsorge für Ihr eigenes Sein, sondern schaffen auch den Raum für Mitgefühl und Verständnis für andere.

Hier sind einige Praktiken, um Selbstliebe in Ihrem täglichen Leben zu kultivieren:

• Achtsamkeit

Üben Sie Achtsamkeit in Ihren täglichen Aktivitäten. Seien Sie sich Ihrer Gedanken, Worte und Taten stets bewusst. Das hilft Ihnen, Ihr inneres Gleichgewicht zu finden und den Frieden und die Ruhe zu bewahren, die für die Selbstliebe entscheidend sind.

• Selbstfürsorge

Kümmern Sie sich um Ihr körperliches und geistiges Wohl. Nehmen Sie sich Zeit für körperliche Übungen, Meditation und gesunde Ernährung. Das stärkt Ihr körperliches Wohlbefinden und fördert ein positives Selbstbild.

• Positives Selbstgespräch

Seien Sie freundlich zu sich selbst. Statt sich selbst für Fehler und Misserfolge zu tadeln, erinnern Sie sich an Ihre Stärken und Erfolge. Lernen Sie, sich selbst zu vergeben und sich selbst mit Güte und Verständnis zu begegnen.

• Setzen Sie Grenzen

Lernen Sie, Nein zu sagen, wenn Ihre Grenzen überschritten werden. Das zeigt Respekt vor sich selbst und vermittelt anderen, dass Sie Ihre eigenen Bedürfnisse und Wünsche ernst nehmen.

• Verbringen Sie Zeit in Stille

Nutzen Sie die Stille zur Selbstreflexion und Selbstbeobachtung. In der Stille können Sie sich auf Ihre innere Stimme konzentrieren und Ihre Bedürfnisse und Gefühle besser verstehen.

Diese Praktiken sind keine kurzfristigen Lösungen, sondern erfordern Geduld und Beständigkeit. Sie sind wie das Wasser, das den Stein langsam, aber stetig formt. Wenn Sie diese Praktiken in Ihrem Leben integrieren, werden Sie feststellen, dass die Liebe zu sich selbst zu einer natürlichen Ausdrucksform Ihres Seins wird und Ihre Beziehungen zu anderen mit mehr Mitgefühl, Verständnis und Güte erfüllt werden.

Vertrauenswürdig sein und Vertrauen erlernen

Im tiefen Herzen der Shaolin-Lehre thront ein Prinzip von bemerkenswerter Bedeutung, nämlich das Prinzip des Vertrauens. Dieses Prinzip wird "Xìn Yòng" genannt und seine Bedeutung erstreckt sich weit über das hinaus, was man in der westlichen Welt häufig unter Vertrauen versteht.

Im Kontext der Shaolin-Lehre geht es nicht nur darum, vertrauenswürdig zu sein, sondern ebenso darum, in sich selbst ein tiefes und unerschütterliches Vertrauen zu pflegen. Für den Shaolin-Mönch wird Vertrauen als unverzichtbare Grundlage für persönliche Entwicklung, spirituelles Wachstum und die Etablierung tiefer, bedeutungsvoller Beziehungen angesehen. Seien Sie vertrauenswürdig. In der Welt der Shaolin ist Vertrauenswürdigkeit ein Spiegelbild der eigenen Charakterstärke und spirituellen Reife. Ein Shaolin-Mönch strebt danach, ein Leben von untadeliger Integrität und Verantwortlichkeit zu führen, in dem Wort und Tat untrennbar miteinander verbunden sind. Ein vertrauenswürdiger Mönch hält seine Versprechen, erfüllt seine Pflichten gewissenhaft und steht standhaft zu seinen Überzeugungen, selbst wenn er vor schwierigen Herausforderungen steht. Es ist der Weg, auf dem Sie Ihre Worte mit Ihren Taten in Einklang bringen und eine feste Brücke zwischen dem, was Sie sagen, und dem, was Sie tun, errichten. Durch die kontinuierliche Pflege von Vertrauenswürdigkeit gewinnen Sie nicht nur das Vertrauen Ihrer Mitmenschen, sondern stärken auch Ihr eigenes Selbstvertrauen und Ihre innere Überzeugung.

Vertrauen Sie sich selbst. Im Herzen der Shaolin-Lehre liegt das Prinzip des Selbstvertrauens. Es ist eine kraftvolle, innere Überzeugung in die eigenen Fähigkeiten und Potentiale, die jedem Mönch als solides Fundament für seinen spirituellen Weg dient. Es ist die tiefe innere Gewissheit, dass Sie fähig sind, den Herausforderungen des Lebens standzuhalten, dass Sie die Kraft haben, Hindernisse zu überwinden und Ihre Ziele zu erreichen. Selbstvertrauen ist die innere Flamme, die Sie in Zeiten der Dunkelheit leitet, die Sie dazu inspiriert, über Ihre Grenzen hinaus-zugehen und den Mut zu haben, Ihre Ängste und Unsicherheiten zu konfrontieren.

Vertrauen ist die Basis jeder Freundschaft und Gemeinschaft. Ohne Vertrauen können keine tiefen und authentischen menschlichen Verbindungen entstehen. Es ist das unsichtbare Band, das uns mit anderen verbindet und das Fundament, auf dem starke, gesunde Gemeinschaften erbaut werden. In der Welt der Shaolin wird Vertrauen als heiliges Band betrachtet, das mit höchstem Respekt behandelt und gepflegt werden muss. Es ist das verbindende Element, das Menschen unterschiedlichster Herkunft und verschiedener Überzeugungen zusammenführt und eine Gemeinschaft von Gleichgesinnten formt, die gemeinsam auf einem Weg des spirituellen Wachstums und der Selbstentdeckung wandeln.

Praxis: Den Baum des Vertrauens pflegen

- Finden Sie einen ruhigen, friedlichen Ort, an dem Sie ungestört sein können. Setzen Sie sich in eine bequeme Haltung und schließen Sie Ihre Augen.
- Beginnen Sie mit einigen tiefen, bewussten Atemzügen, um Ihren Geist zu beruhigen und Ihren Körper zu entspannen. Lassen Sie die Gedanken des Tages los und richten Sie Ihre Aufmerksamkeit auf den gegenwärtigen Moment.
- Stellen Sie sich nun vor, dass Sie vor einem kleinen Baum stehen. Dieser Baum repräsentiert das Vertrauen, das Sie in sich selbst und in andere haben. Betrachten Sie diesen Baum und bemerken Sie seine Details - seine Stamm, seine Blätter, seine Früchte.
- Beginnen Sie nun, sich selbst Fragen zu stellen, wie

– "Wie sehr vertraue ich mir selbst?
– Wie stark ist mein Vertrauen in andere?
– Gibt es Bereiche in meinem Leben, in denen ich mehr Vertrauen brauche?"

– Hören Sie aufmerksam auf die Antworten, die aus dem Inneren kommen.

- Bei jedem Einatmen stellen Sie sich vor, wie Sie nährende Energie in den Baum einfließen lassen. Bei jedem Ausatmen lassen Sie Zweifel und Unsicherheiten los. Mit jeder Atemrunde wird der Baum größer und stärker.
- Schließen Sie die Praxis mit einigen tiefen Atemzügen ab und öffnen Sie dann Ihre Augen. Tragen Sie die Bilder und Gefühle, die während der Praxis entstanden sind, mit in den Rest Ihres Tages.

Hinweis:
Wiederholen Sie diese Übung regelmäßig, um Ihre Vertrauensfähigkeit zu stärken. Sie werden feststellen, dass Sie mit der Zeit nicht nur in sich selbst, sondern auch in andere mehr Vertrauen haben. Wie der Baum, der aus einer kleinen Knospe wächst, wird auch Ihr Vertrauen mit der Zeit wachsen und stärker werden. Vertrauen ist wie ein Muskel, den man trainieren kann - und diese Übung wird Ihnen dabei helfen.

Die Kultivierung des Vertrauens erfordert Zeit, Hingabe und Geduld. Es ist ein fortwährender Prozess der Selbstreflexion, des Lernens und der Verbesserung. Es ist ein Weg, der Mut und Ausdauer erfordert, denn Vertrauen ist nicht einfach ein Zustand, den man erreicht, sondern eine Fähigkeit, die man entwickelt und verfeinert. Wenn Sie diesen Pfad beschreiten, werden Sie feststellen, dass Vertrauen ein unschätzbar wertvolles Gut ist, das Ihr Leben auf vielfältige Weise bereichern kann. Es schenkt Ihnen innere Ruhe, Zufriedenheit und tiefe, bedeutungsvolle Beziehungen. So wie der beste Freund, ist Vertrauen ein kostbares Geschenk, das Sie sowohl anderen als auch sich selbst machen können. Es ist der Schlüssel zu einem erfüllten und sinnvollen Leben im Geist der Shaolin-Lehre.

DAS BESTE IN JEDEM HERVORBRINGEN

10. "Sei großzügig und tapfer, fördere Talente und strebe danach, die Shaolin Künste würdigen Anhängern weiterzugeben."

In diesem Abschnitt betreten wir einen tiefen Pfad der Shaolin-Philosophie: Die Erkenntnis, dass der Beginn jeder Veränderung in der Welt von uns selbst ausgeht. Indem wir uns dieser Weisheit öffnen, wird deutlich, dass die Verbesserung unserer Umwelt durch unser eigenes persönliches Wachstum und unsere Verfeinerung angetrieben wird. Statt andere zu kritisieren, fokussieren wir uns auf unsere eigene Entwicklung und strahlen als leuchtendes Beispiel.

Dieser Teil führt Sie zu Werkzeugen der Selbstreflexion und ermutigt Sie, jeden Tag drei inspirierende Momente sowohl für sich selbst als auch für andere zu schaffen. Er beleuchtet die Bedeutung, nicht nur mit Worten, sondern mit Handlungen zu inspirieren und lädt Sie ein, dies täglich auf neue, kreative Weisen zu tun. Weiter geht es mit der Stärkung des Durchhaltevermögens, einer Tugend, die tief in der Shaolin-Lehre verwurzelt ist. Sie erhalten Einblick in körperliche Übungen aus der alten Tradition, die darauf abzielen, Ihre Ausdauer zu verbessern und Ihnen dabei helfen, Widrigkeiten mit Anmut und Stärke zu begegnen.

Abschließend vertiefen wir die Rolle der Disziplin in unserem täglichen Leben. In einer Welt, die ständig nach sofortiger Befriedigung sucht, bietet Ihnen die Shaolin-Weisheit einen konträren Ansatz. Sie werden das Prinzip der 'Delayed Gratification' kennenlernen und üben, sowie Anregungen erhalten, wie Sie Ihre alltägliche Disziplin kultivieren können.

Dieses Kapitel ermutigt Sie, durch Verbindung mit der Shaolin-Philosophie zu wachsen und ein inspirierendes Leuchtfeuer zu sein. Es zeigt einen Weg zur Stärkung der Ausdauer und Disziplin und lädt Sie ein, mit offenem Herzen Ihre wahre Größe zu entfalten.

Andere inspirieren, statt kritisieren

Im zentralen Herzen des Shaolin-Weges findet sich ein grundlegendes Verständnis: Die erste Welle des Wandels beginnt immer bei Ihnen selbst. Das gilt besonders für den Umgang mit Kritik und Inspiration. Anstatt reflexhaft zur Kritik an anderen zu greifen, entfalten Sie einen machtvollen Einfluss, wenn Sie sich selbst als leuchtendes Beispiel präsentieren. Durch Ihr eigenes Verhalten, Ihre Worte und Ihre reine Anwesenheit inspirieren Sie andere. Anstatt sie zu kritisieren, motivieren Sie sie durch ein positives Vorbild und schaffen Möglichkeiten für Selbstreflexion und Wachstum.

Das Kultivieren dieser Haltung ist kein punktuelles Ereignis, sondern ein anhaltender Prozess des In-Sich-Gehens und bewussten Lenkens des eigenen Handelns. Innerhalb des Shaolin-Trainings existieren eine Reihe von Übungen, die Ihnen helfen, diese innere Reise zu unterstützen und zu festigen. Eine dieser Übungen ist die sogenannte "*Drei-Bambus-Meditation*". Nehmen Sie sich täglich einen Moment der Ruhe und rufen Sie sich drei Situationen ins Bewusstsein, in denen Sie entweder sich selbst oder andere inspiriert haben. Das müssen keine monumental großen Gesten oder Taten sein. Es können einfache Momente der Freundlichkeit sein, Zeiten, in denen Sie mit vollem Bewusstsein zugehört haben, oder das Weitergeben einer erhebenden Erkenntnis. Halten Sie diese Momente schriftlich in einem Journal fest und reflektieren Sie diese. Wie haben Sie diese Momente innerlich berührt? Wie haben andere darauf reagiert?

Mit der Zeit wird sich Ihre Wahrnehmung auf subtile Weise wandeln. Sie werden mehr und mehr auf die positiven Seiten in sich selbst und in Ihrem Umfeld achten. Sie werden entdecken, dass jede Ihrer Handlungen, jede Ihrer Entscheidungen, jedes Ihrer Worte die Fähigkeit hat, zu inspirieren und positive Veränderungen zu bewirken.

Das ist eine tief verwurzelte Auffassung der Shaolin-Mönche: Wahre Inspiration ähnelt einer Kerze, die eine andere entzündet, ohne dabei selbst an Leuchtkraft zu verlieren. Wenn Sie diesen Pfad beschreiten, pflegen Sie eine tiefgreifende Form von Mitmenschlichkeit und bringen das reiche Erbe der Shaolin-Weisheit in Ihr tägliches Leben. Sie verinnerlichen die Praxis der Inspiration als Teil Ihres Alltags und tragen dazu bei, die Welt um Sie herum zum Leuchten zu bringen.

Durchhaltevermögen verbessern

Einer der markantesten Aspekte des Shaolin-Trainings ist die Kultivierung des Durchhaltevermögens oder "Chi Kung", einer Qualität, die gleichermaßen auf Körper und Geist angewendet wird. Durchhaltevermögen ist nicht nur die Fähigkeit, gegen Widrigkeiten anzukämpfen oder körperliche Müdigkeit zu überwinden, sondern auch das konsequente Streben nach Exzellenz und persönlicher Entwicklung.

In der Shaolin-Philosophie kann Durchhaltevermögen durch verschiedene Übungen verbessert werden. Eine davon ist die Praxis der "stehenden Meditation", auch als "Zhan Zhuang" bekannt. Diese Übung, die ihren Ursprung in den alten Kung Fu-Formen hat, hat zum Ziel, die körperliche Kraft, Ausdauer und mentale Stärke zu verbessern.

Übung: Zhan Zhuang - Die stehende Meditation

- Positionieren Sie sich aufrecht, die Füße sollten ungefähr in der Breite Ihrer Hüften auseinander sein, die Knie leicht gebogen.
- Heben Sie Ihre Arme, so als würden Sie eine große Kugel vor Ihrem Bauch umfassen. Ihre Hände sind locker, die Innenflächen blicken einander zu.
- Achten Sie darauf, dass Ihre Schultern und Arme locker sind und dass Ihr Körpergewicht gleichmäßig auf beiden Füßen lastet.
- Behalten Sie diese Haltung für einige Minuten (oder so lange, wie Sie sich wohl fühlen) bei und konzentrieren Sie sich dabei auf Ihren Atemrhythmus.

- Es kann vorkommen, dass während der Übung Unbehagen auftritt, sei es in Form von körperlicher Anstrengung oder Gedanken, die um Aufmerksamkeit kämpfen. Hier spielt das Durchhaltevermögen eine entscheidende Rolle.
- Versuchen Sie, bei der Aufgabe zu bleiben und nicht der Versuchung nachzugeben, die Übung zu beenden oder sich von den Gedanken ablenken zu lassen. Diese Übung erfordert nicht nur körperliche Kraft, sondern auch eine große Menge an geistiger Disziplin und Fokus.
- Wiederholen Sie diese Übung regelmäßig und bemerken Sie, wie Ihr Durchhaltevermögen sowohl auf körperlicher als auch auf geistiger Ebene zunimmt.

Beachten Sie, dass während der Übung Unbehagen auftreten kann, sei es in Form von körperlicher Anstrengung oder Gedanken, die um Aufmerksamkeit kämpfen. Hier spielt das Durchhaltevermögen eine entscheidende Rolle. Anstatt der Versuchung nachzugeben, die Übung zu beenden oder sich von den Gedanken ablenken zu lassen, bleiben Sie konsequent bei der Aufgabe. Diese Übung erfordert nicht nur körperliche Kraft, sondern auch eine große Menge an geistiger Disziplin und Fokus. Mit der Zeit werden Sie bemerken, dass Ihr Durchhaltevermögen sowohl auf körperlicher als auch auf geistiger Ebene zunimmt. Sie werden feststellen, dass Sie länger in der stehenden Meditation verharren können und dass Ihr Geist ruhiger und konzentrierter wird. Durchhaltevermögen ist eine wertvolle Qualität, die sich auf alle Aspekte Ihres Lebens auswirken kann. Ob Sie nun Herausforderungen im Beruf, in Beziehungen oder bei persönlichen Zielen begegnen, die Fähigkeit, durchzuhalten und sich auf die Aufgabe zu konzentrieren, wird Ihnen helfen, diese Herausforderungen zu bewältigen und Ihre Ziele zu erreichen. Die Shaolin-Mönche wissen das seit Jahrhunderten, und durch das Üben von Zhan Zhuang können Sie diese Weisheit in Ihr eigenes Leben integrieren.

Eine weitere Übung, die von den Shaolin-Mönchen zur Stärkung des Durchhaltevermögens verwendet wird, ist das "Eisenhemd-Qigong" oder "Tie Bu Shan Gong". Die Praxis des Eisenhemd-Qigongs stärkt nicht nur die physische Ausdauer, sondern stählt auch den Geist und stärkt die innere Kraft, was zur Entwicklung eines starken Durchhaltevermögens führt.

Übung: Tie Bu Shan Gong - Eisenhemd-Qigong

- Beginnen Sie in einer stehenden Position, die Füße schulterbreit auseinander, die Knie leicht gebeugt.
- Legen Sie Ihre Hände auf Ihre Hüften, die Handflächen zeigen nach unten.
- Atmen Sie tief ein und spannen Sie dabei alle Muskeln in Ihrem Körper an - von den Zehen bis zum Kopf. Halten Sie diese Spannung für ein paar Sekunden, während Sie den Atem anhalten.
- Beim Ausatmen lassen Sie die Muskeln los und lassen Sie alle Anspannungen abfließen.
- Stellen Sie sich dabei vor, wie die Energie von der Erde aufsteigt und durch Ihren Körper fließt, und lassen Sie sie durch die Fußsohlen wieder zur Erde abfließen.
- Wiederholen Sie diesen Zyklus von Anspannung und Entspannung mehrere Male und steigern Sie allmählich die Zeit, die Sie die Anspannung halten. Es ist wichtig, auf Ihren Körper zu hören und sich nicht zu überanstrengen.
- Das Ziel ist nicht, an Ihre Grenzen zu gehen, sondern Ihre Fähigkeit zur Ausdauer sanft und stetig zu steigern.

Hinweis:
Wiederholen Sie diese Übung mehrere Male und steigern Sie allmählich die Zeit, die Sie die Anspannung halten. Es ist wichtig, auf Ihren Körper zu hören und sich nicht zu überanstrengen. Das Ziel ist nicht, an Ihre Grenzen zu gehen, sondern Ihre Fähigkeit zur Ausdauer sanft und stetig zu steigern.

Die Praxis des Eisenhemd-Qigongs hilft nicht nur dabei, das körperliche und geistige Durchhaltevermögen zu verbessern, sondern auch dabei, die eigene Energie und Vitalität zu erhöhen. Es ist eine tiefgreifende Übung, die die Weisheit der alten Shaolin-Mönche in unseren modernen Alltag bringt und uns hilft, die Herausforderungen des Lebens mit größerer Gelassenheit und Ausdauer zu meistern.

Disziplin im Alltag stärken

Im Kern der Shaolin-Philosophie steht die Notwendigkeit der Disziplin, eine Tugend, die oft als Schlüssel zum Erreichen von Meisterschaft und Harmonie angesehen wird. Als Mönche in den heiligen Hallen des Shaolin-Tempels wird von uns erwartet, dass wir unsere Disziplin jeden Tag stärken und uns mit jedem Sonnenaufgang weiter verfeinern. In der heutigen schnelllebigen Welt voller Ablenkungen und unmittelbarer Befriedigungen kann das Kultivieren von Disziplin jedoch eine Herausforderung sein. Doch wie das alte Shaolin-Sprichwort sagt: "In der Ruhe liegt die Kraft, im Beständigen das Erreichen."

Ein Weg, um Disziplin im Alltag zu stärken, ist das Verständnis und die Praxis des Konzepts von "Instant Gratification" im Gegensatz zu "Delayed Gratification".

Definition: Instant Gratification
"Instant Gratification" ist der Drang, sofortige Befriedigung zu suchen und Belohnungen ohne Verzögerung oder Aufschub zu erlangen. Es ist das Verlangen, sofortige Ergebnisse zu sehen, eine schnelle Belohnung zu bekommen oder eine schnelle Linderung von Unbehagen oder Unzufriedenheit zu erfahren.

Definition: Delayed Gratification
"Delayed Gratification" hingegen bezeichnet die Fähigkeit, Belohnungen zu verzögern und die Ausdauer zu haben, für langfristige Ziele zu arbeiten. Es ist die Kunst, das kurzfristige Verlangen zu überwinden und sich auf langfristige Ziele zu konzentrieren, die letztendlich erfüllender und wertvoller sind.

In der Shaolin-Philosophie ist die "Delayed Gratification" ein Zeichen von Reife und Weisheit. Sie zeigt, dass man in der Lage ist, seine unmittelbaren Wünsche zu kontrollieren und sich auf das größere Bild zu konzentrieren. Es geht darum, sich daran zu erinnern, dass das wahre Glück nicht in der sofortigen Befriedigung liegt, sondern in der Fähigkeit, mit Geduld und Ausdauer zu arbeiten, um ein lohnendes Ziel zu erreichen.

Eine alltagstaugliche Anregung, um die Disziplin zu stärken, könnte die Einführung einer festen Morgenroutine sein. Starten Sie Ihren Tag mit einer bestimmten Abfolge von Aktivitäten, die Ihnen helfen, Ihren Körper, Geist und Geist auf den Tag vorzubereiten. Dies könnte Meditation, körperliche Übungen, Lesen, Schreiben oder jede andere Aktivität umfassen, die Sie erden und fokussieren kann. Eine weitere Methode ist das Praktizieren von "Eiserner-Wille-Diziplin". Dies bedeutet, sich jeden Tag eine Aufgabe zu setzen und sie, egal was passiert, zu erfüllen. Die Aufgabe muss nicht groß oder schwierig sein. Es könnte so einfach sein wie das Reinigen Ihrer Umgebung, das Kochen einer gesunden Mahlzeit oder das Lesen von ein paar Seiten eines Buches. Wichtig ist, dass Sie sich verpflichten, diese Aufgabe jeden Tag zu erfüllen, egal wie Sie sich fühlen oder was sonst noch in Ihrem Leben vor sich geht. Schließlich, versuchen Sie, mehr Achtsamkeit in Ihren Alltag zu integrieren. Achtsamkeit ist das bewusste Wahrnehmen und Akzeptieren des gegenwärtigen Moments ohne Urteil. Indem Sie sich darauf konzentrieren, im Hier und Jetzt präsent zu sein, können Sie lernen, Ihre Impulse zu kontrollieren und bewusste Entscheidungen zu treffen, die Ihrer langfristigen Zufriedenheit und Ihrem Wachstum dienen. Das Kultivieren von Disziplin ist ein lebenslanges Streben, aber es ist eines, das tiefgreifende Belohnungen bringt. Wie die alten Shaolin-Mönche uns lehren, liegt in der Disziplin die Freiheit. Stärken Sie Ihre Disziplin im Alltag und Sie können ein Leben von größter Erfüllung, Harmonie und Glückseligkeit erschaffen.

Shaolin Challenge

IN 30 TAGEN ZUM SHAOLIN-KRIEGER MINDSET

Herzlichen Glückwunsch! Sie haben es bis hierher geschafft und stehen nun am Anfang eines neuen, spannenden Abschnitts Ihres Lebens. Die "Shaolin Challenge - In 30 Tagen zum Shaolin-Krieger Mindset" wartet auf Sie. In diesem Abschnitt werden Sie die Prinzipien und Praktiken, die Sie bisher gelernt haben, intensiv anwenden und Ihr Können auf die nächste Stufe bringen.

Bevor Sie mit der Challenge starten, lassen Sie uns einige grundlegende Gedanken zur Übungspraxis betrachten. Eine beständige, konsequente Übungspraxis führt zu den besten Ergebnissen. Ein sporadisches Übungsmuster, in dem Sie mehrere Tage üben, dann pausieren, dann wieder üben, hält Ihren Fortschritt auf einem Minimum. Beachten Sie die folgenden Hinweise, um am meisten von der Challenge zu profitieren:

Bei fehlender Motivation oder Schwierigkeiten beim Aufstehen zur Übung:

- Erinnern Sie sich an Ihre Ziele und warum Ihnen das Üben wichtig ist.

• Stellen Sie sich vor, dass ein einziger verpasster Übungstag zehn Tage harter Arbeit zunichtemacht.

Übungsumgebung und -zeiten nach Shaolin-Philosophie:

• Üben Sie so oft wie möglich in natürlicher Umgebung mit frischer Luft.

• Die beste Übungszeit ist bei Sonnenaufgang oder Mitternacht, weitere geeignete Zeiten sind zwischen 5-9 Uhr morgens und 17-22 Uhr abends.

• Sollten diese Zeiten nicht passen, üben Sie dann, wenn Sie können.

• Wählen Sie für Ihr Training einen Ort mit Blick auf offene Räume oder das Meer, achten Sie jedoch auf die Sicherheit Ihrer Übungsfläche.

Geisteshaltung und Übungspraxis:

• Bleiben Sie während des Trainings entspannt und fröhlich.

• Nutzen Sie Ihren Geist effektiv, indem Sie sich vorstellen, wie kosmische Energie in Sie hineinfließt und Sie reinigt.

• Um das Schwitzen zu erleichtern, trinken Sie vor dem Training warmes Wasser oder ein anderes heißes Getränk. Atmen Sie durch den Mund aus, um Toxine auszuscheiden.

• Tragen Sie lockere Kleidung und flache Schuhe, um den Chi-Fluss zu erleichtern. Lösen Sie Gürtel und Kragen und nehmen Sie störenden Schmuck ab.

• In kalten Wintermonaten, kleiden Sie sich warm, aber locker. Bei sehr kalter Witterung ist es klüger, drinnen zu üben.

Atmung und Bewegung:

• Gestalten Sie Ihre Atmung und Bewegung sanft, anmutig und natürlich.

• Bedenken Sie, dass Sie im Shaolin-Training nicht nur Luft, sondern kosmische Energie einatmen.

• Sanfte, anmutige Atmung und Bewegung erleichtern den reibungslosen Fluss kosmischer Energie.

Mit diesen Prinzipien und Praktiken ausgestattet, sind Sie nun bereit, Ihre 30-Tage Shaolin Challenge zu starten. Machen Sie sich bereit, Ihr Shaolin-Krieger Mindset zu formen und zu stärken. Viel Erfolg auf Ihrem Weg!

DER ABLAUF DER CHALLENGE

Sie sind auf dem Weg, Ihr Krieger-Mindset durch die mächtigen Prinzipien und Praktiken der Shaolin zu stärken. Hier eine genauere Betrachtung der Struktur der Challenge:

Tägliche Übungspraxis: Die tägliche Disziplin, sich Ihrer Übungspraxis zu widmen, ist ein zentraler Aspekt dieser Challenge. Es geht nicht nur um die Zeit, die Sie investieren, sondern auch um die Regelmäßigkeit und die innere Einstellung, mit der Sie üben. Diese Konsequenz fördert Disziplin und Durchhaltevermögen.

Körperliche Praxis vor Sonnenaufgang: Nutzen Sie die ruhige, friedliche Energie des frühen Morgens, um Ihre körperlichen Übungen zu absolvieren. Die Praktiken, die Sie ausführen werden, sind von den traditionellen Shaolin Techniken abgeleitet, die Ihre körperliche Stärke, Ausdauer und geistige Klarheit verbessern werden. Das Üben vor Sonnenaufgang stärkt Ihre Verbindung mit der Natur und hilft Ihnen, sich auf den kommenden Tag vorzubereiten.

Tägliches philosophisches Motto: Jeder Tag der Challenge ist durch ein bestimmtes philosophisches Motto gekennzeichnet, das auf den Weisheiten der Shaolin basiert. Dieses Motto soll Sie inspirieren, Ihren Geist auszurichten und tiefer in die Shaolin Philosophie einzutauchen.

Tägliche geistige Praxis: Neben der körperlichen Praxis ist die tägliche geistige Praxis ein wesentlicher Bestandteil dieser Challenge. Hierzu gehören Meditation, Atemtechniken und geistige Visualisierungsübungen, die alle darauf abzielen, Ihren Geist zu beruhigen, Ihre Konzentration zu stärken und Ihnen dabei zu helfen, den philosophischen Leitsatz des Tages in sich aufzunehmen. Die geistige Praxis soll vorzugsweise am Abend durchgeführt werden, um den Tag auszugleichen und einen Zustand der Ruhe und Klarheit vor dem Schlafengehen zu fördern. Durch diese Übungen können Sie die Verbindung zwischen Körper und Geist intensivieren und Ihre Achtsamkeit und innere Ruhe fördern.

Abendreflexion: Beenden Sie jeden Tag mit einer Reflexion. Betrachten Sie, was Sie während des Tages erlebt und gelernt haben, und wie Sie sich durch Ihre Praxis entwickelt haben. Dies ist ein Moment der Ruhe und der inneren Einkehr, der hilft, das Gelernte zu verinnerlichen und einen friedlichen Abschluss des Tages zu finden.

Durch die Kombination von körperlicher Praxis, philosophischer Reflexion und gezieltem Streben fördert die 30-Tage Shaolin Challenge ein tieferes Verständnis und eine stärkere Integration der Shaolin Prinzipien in Ihrem Alltag. Es ist eine kraftvolle Methode, um Disziplin zu stärken, Durchhaltevermögen zu fördern und Ihre persönliche Entwicklung zu unterstützen. Treten Sie diese Reise mit Offenheit und Entschlossenheit an, und erleben Sie, wie die Weisheit der Shaolin Ihr Leben bereichert. Viel Erfolg!

DIE 30-TAGE-SHAOLIN-CHALLENGE

Tag 1

Motto des Tages: "Der Anfang ist die Hälfte des Ganzen."

Dieses Motto unterstreicht die Bedeutung des ersten Schrittes auf Ihrem Weg. Es mag auf den ersten Blick einfach erscheinen, aber der Mut, eine Reise zu beginnen, ist oft die größte Herausforderung.

Ziel des Tages: Beginn der Übungspraxis und Stärkung der Disziplin. Ihr Hauptziel heute ist es, sich zu verpflichten, die gesamte Challenge durchzuführen und sich dieser neuen Routine zu widmen.

Morgenübung: Der Shaolin-Stand
Der Shaolin-Stand ist eine grundlegende Übung in der Shaolin-Praxis, die darauf abzielt, die Muskulatur zu stärken und den Geist zu schärfen. Sie ist der perfekte Start in diesen 30-Tage-Weg.

- Beginnen Sie im Stand mit leicht gespreizten Beinen, etwa schulterbreit auseinander.
- Sinken Sie in eine leichte Kniebeuge, halten Sie Ihren Rücken gerade und den Blick nach vorne gerichtet.
- Halten Sie diese Position, konzentrieren Sie sich auf Ihre Atmung und versuchen Sie, Ihren Geist zu beruhigen.

Diese scheinbar einfache Übung erfordert sowohl körperliche als auch mentale Disziplin und ist der perfekte Start in Ihre Übungspraxis.

Geistige Praxis am Abend:
Ihr geistiges Training heute Abend besteht darin, sich auf Ihr Motto des Tages zu konzentrieren. Nehmen Sie sich etwas Zeit, um über "Der Anfang ist die Hälfte des Ganzen" nachzudenken.

- Was bedeutet es für Sie?
- Wie können Sie dieses Motto in Ihrem Alltag umsetzen?

Abendreflexion:

- Wie haben Sie sich heute gefühlt?
- Konnten Sie Disziplin in Ihrer Übungspraxis aufrechterhalten?
- Gab es Herausforderungen?

Notieren Sie Ihre Gedanken und Erfahrungen in einem Tagebuch. Dies wird eine wertvolle Ressource sein, um Ihren Fortschritt während dieser Challenge zu verfolgen.

Tag 2

Motto des Tages: "Ständige Wiederholung ist der Weg zur Meisterschaft."

Tagesziel: Kultivierung von Geduld und Beharrlichkeit durch die Übung des "Stehenden Baumes".

Morgenübung: Der Stehende Baum
Heute beschäftigen wir uns mit der Übung des "Stehenden Baumes" (Zhan Zhuang), eine grundlegende Übung in der Shaolin-Praxis, die zur Entwicklung von Geduld und Ausdauer dient.

- Stehen Sie mit Ihren Füßen hüftbreit auseinander.
- Die Knie sind leicht gebeugt, als ob Sie auf einem großen Ball sitzen würden.
- Ihre Arme sind locker und entspannt, als ob Sie einen runden Ball vor Ihrem Bauch halten.
- Der Rücken ist gerade, der Kopf ist hoch und der Blick ist geradeaus gerichtet.
- Atmen Sie tief und gleichmäßig, und konzentrieren Sie sich auf Ihren Körper und Ihre Haltung.
- Versuchen Sie, diese Position für eine möglichst lange Zeit aufrechtzuerhalten. Beginnen Sie mit einer Dauer von 5 Minuten und erhöhen Sie sie schrittweise im Laufe der Zeit.

Erinnern Sie sich an das heutige Motto. Diese Übung erfordert Wiederholung und Geduld, aber mit der Zeit werden Sie eine Verbesserung Ihrer körperlichen und geistigen Ausdauer bemerken.

Abend - Geistige Praxis: Visualisierung und Achtsamkeit
Die Shaolin-Lehren betonen die Bedeutung von "Chan", was Meditation oder Achtsamkeit bedeutet. Für die heutige geistige Praxis üben Sie die Methode des "Zhuan Falun" oder "Drehenden Dharma-Rades".

- Setzen Sie sich in einer ruhigen Umgebung in eine bequeme Position
- Visualisieren Sie ein Rad, das sich stetig in Ihrem Bauchraum dreht.
- Es dreht sich unablässig, genauso wie Sie unablässig in Ihrer Praxis bleiben, um Meisterschaft zu erreichen.
- Lassen Sie alle Gedanken los und konzentrieren Sie sich ausschließlich auf das sich drehende Rad.

Dies soll Ihnen helfen, Geduld und Ausdauer zu kultivieren und ist eine praktische Anwendung des heutigen Mottos.

Abendreflexion:

- Wie haben Sie heute Geduld und Ausdauer geübt?
- Wo könnten Sie noch Verbesserungen vornehmen?
- Wie hat sich die geistige Praxis des drehenden Dharma-Rades auf Ihre Geduld und Ausdauer ausgewirkt?

Schreiben Sie Ihre Gedanken in Ihr Übungstagebuch.

Tag 3

Motto des Tages: "In der Ruhe liegt die Kraft."

Tagesziel: Entwicklung von innerer Stille und Ausgeglichenheit durch das Üben des "Löwen brüllt".

Morgenübung: Brüllender Löwe
In dieser Übung ahmen wir den Löwen nach, ein Symbol für Mut und Stärke in der Shaolin-Philosophie.

- Beginnen Sie in einer aufrechten Position.
- Beugen Sie Ihre Knie, bis Ihre Oberschenkel parallel zum Boden sind, und halten Sie Ihre Füße schulterbreit auseinander.
- Halten Sie Ihre Hände in der Form von Löwenpfoten – die Finger weit auseinander und die Handflächen nach unten gerichtet.
- Gleichzeitig öffnen Sie Ihren Mund weit und strecken die Zunge heraus. Heben Sie Ihre Augenbrauen, um ein intensives, löwenartiges Gesicht zu zeigen.
- Während Sie in dieser Position sind, lassen Sie ein tiefes, kräftiges "Brüllen" aus Ihrem Bauch kommen. Es geht nicht darum, laut zu sein, sondern darum, Ihre innere Kraft auszudrücken.

Diese Übung trägt dazu bei, den Geist zu zentrieren und gleichzeitig die innere Stärke zu mobilisieren.

Abend - Geistige Praxis: Leere Gedanken

Die heutige geistige Praxis befasst sich mit der Shaolin-Technik der "leeren Gedanken". Dies ist eine Art von Meditation, bei der Sie versuchen, alle Gedanken aus Ihrem Geist zu entfernen und einen Zustand völliger Ruhe und Stille zu erreichen.

- Setzen Sie sich bequem hin und schließen Sie die Augen.
- Atmen Sie tief ein und aus, und lassen Sie mit jedem Ausatmen einen Gedanken los.
- Es ist nicht wichtig, ob Sie dabei erfolgreich sind oder nicht.
- Wichtig ist nur, dass Sie es versuchen.
- Mit der Zeit und stetiger Übung wird es Ihnen leichter fallen, einen Zustand der "leeren Gedanken" zu erreichen.

Abendreflexion:

- Wie fühlte es sich an, den "Brüllender Löwe" zu üben?
- Wie war Ihre Erfahrung mit der Meditation der "leeren Gedanken"?
- Gibt es Bereiche in Ihrem Leben, in denen Sie mehr Ruhe und Stille einbringen könnten?

Notieren Sie Ihre Gedanken und Erkenntnisse in Ihr Übungstagebuch.

Tag 4

Motto des Tages: "Die Stärke des Willens formt den Körper."

Tagesziel: Entwicklung von Ausdauer und Willenskraft durch die Übung des "Eisenhemd Qi Gong".

Morgenübung: Eisenhemd Qi Gong
Diese Praxis zielt darauf ab, die Muskulatur, Sehnen und Knochen zu stärken. Hier sind die Schritte für eine grundlegende Eisenhemd-Übung:

- Stellen Sie sich aufrecht hin, die Füße schulterbreit auseinander, und richten Sie Ihre Zehen leicht nach innen.
- Atmen Sie tief ein und spannen Sie Ihren ganzen Körper an, als ob Sie sich gegen einen starken Wind stemmen würden.
- Halten Sie die Spannung einen Moment lang, dann atmen Sie aus und entspannen Sie Ihren Körper vollständig.
- Wiederholen Sie diese An- und Entspannungsphasen mehrmals.

Das "Eisenhemd Qi Gong" stärkt den Körper und fördert gleichzeitig die Zirkulation von Qi, der Lebensenergie.

Abend - Geistige Praxis: Visualisierung
Die geistige Praxis für heute konzentriert sich auf die Visualisierung, eine Methode, die oft im Shaolin-Training verwendet wird, um die mentale Stärke zu erhöhen.

- Setzen Sie sich bequem hin und schließen Sie die Augen.
- Stellen Sie sich eine Situation vor, die eine starke Willenskraft erfordert, beispielsweise einen langen Lauf oder eine schwierige Aufgabe, die Sie bewältigen müssen.

• Visualisieren Sie sich selbst, wie Sie diese Herausforderung erfolgreich meistern.

• Spüren Sie die Stärke und den Mut in sich und nehmen Sie diese Gefühle in sich auf.

Abendreflexion:

• Wie fühlte es sich an, das "Eisenhemd Qi Gong" zu praktizieren?

• Wie hat die Visualisierungsübung Ihre innere Stärke beeinflusst?

• Gibt es andere Bereiche in Ihrem Leben, in denen Sie mehr Willenskraft und Ausdauer einsetzen könnten?

Schreiben Sie Ihre Gedanken und Erkenntnisse in Ihr Übungstagebuch.

Tag 5

Motto des Tages: "In der Ruhe liegt die Kraft."

Tagesziel: Kultivierung von innerer Ruhe und Gleichgewicht durch die Übung des "Stehenden Baums".

Morgenübung: Stehender Baum

• Stellen Sie sich aufrecht hin, die Füße etwa hüftbreit auseinander.

• Heben Sie Ihre Arme an, die Handflächen nach vorne gerichtet, als würden Sie gegen eine unsichtbare Wand drücken. Die Ellbogen sollten leicht gebeugt sein.

• Beugen Sie die Knie leicht und bringen Sie den Schwerpunkt leicht nach hinten.

• Versuchen Sie, in dieser Position so lange wie möglich zu bleiben, während Sie tief und gleichmäßig atmen.

Die Übung des "Stehenden Baums" hilft dabei, die Muskulatur zu stärken und gleichzeitig die Gedanken zu beruhigen und das innere Gleichgewicht zu fördern.

Abend - Geistige Praxis: Meditation

Für die geistige Praxis konzentrieren wir uns heute auf die Meditation des "Inneren Lächelns". Diese Praxis hilft dabei, innere Ruhe und Zufriedenheit zu fördern.

• Setzen Sie sich bequem hin und schließen Sie die Augen.

• Stellen Sie sich vor, dass sich in Ihrem Herzen ein kleines, warmes Licht befindet, das sich in Form eines Lächelns ausdrückt.

• Atmen Sie tief ein und stellen Sie sich vor, wie dieses Licht mit jedem Atemzug heller wird.

• Stellen Sie sich beim Ausatmen vor, wie dieses "innere Lächeln" sich durch Ihren gesamten Körper ausbreitet und Ihnen ein Gefühl von Frieden und Zufriedenheit verleiht.

Abendreflexion:

• Wie fühlte sich die Praxis des "Stehenden Baums" an?

• Gab es einen Moment, in dem Sie die Ruhe besonders stark empfunden haben?

• Wie hat die Meditation des "Inneren Lächelns" Ihr Wohlbefinden beeinflusst?

Schreiben Sie Ihre Gedanken und Erkenntnisse in Ihr Übungstagebuch.

Tag 6

Motto des Tages: "Durch Hartnäckigkeit zum Erfolg."

Tagesziel: Steigerung der Ausdauer und Kondition durch die Übung der "Pferdestellung".

Morgenübung: Pferdestellung
Die "Pferdestellung" oder "Ma Bu" ist eine grundlegende und zentrale Übung im Shaolin Kung Fu und dient der Stärkung der Beinmuskulatur und dem Aufbau von Ausdauer.

So führen Sie die Pferdestellung aus:

- Stellen Sie sich hüftbreit aufrecht hin und drehen Sie Ihre Zehen leicht nach außen.
- Begeben Sie sich in eine Hocke, indem Sie Ihre Knie beugen, als ob Sie sich langsam auf einen Stuhl hinsetzen würden. Achten Sie darauf, dass Ihre Knie währenddessen nicht vor Ihre Zehenspitzen gelangen.
- Heben Sie Ihre Arme auf Brusthöhe an, die Handflächen zeigen nach unten. Stellen Sie sich vor, Sie würden einen großen Ball halten.
- Halten Sie diese Position und atmen Sie ruhig und gleichmäßig.

Das Ziel besteht darin, die Position für eine möglichst lange Zeit aufrechtzuerhalten, um die Ausdauer zu steigern.

Abend - Geistige Praxis: Achtsamkeitsmeditation
Sie hilft dabei, die Geduld und die geistige Ausdauer zu stärken.

- Setzen Sie sich in einer ruhigen Umgebung hin und schließen Sie die Augen.
- Richten Sie Ihre Konzentration auf Ihren Atem, ohne aktiv Einfluss auf ihn zu nehmen. Falls Ihre Gedanken abschweifen, lenken Sie

behutsam und ohne sich selbst zu kritisieren Ihre Aufmerksamkeit zurück auf Ihren Atem.

• Beginnen Sie mit fünf Minuten und versuchen Sie, die Zeit mit der Praxis zu verlängern.

Abendreflexion:

• Wie haben Sie sich bei der Pferdestellung gefühlt?

• War es eine Herausforderung, die Position zu halten?

• Wie hat sich die Achtsamkeitsmeditation auf Ihren Geisteszustand ausgewirkt?

• Wie können Sie die Hartnäckigkeit, die Sie in der Pferdestellung gezeigt haben, auf andere Bereiche Ihres Lebens anwenden?

Schreiben Sie Ihre Gedanken und Erfahrungen in Ihr Übungstagebuch.

Tag 7

Motto des Tages: "Balance ist der Schlüssel."

Tagesziel: Verbesserung des Gleichgewichts und der Stabilität durch das Üben des "Kranichstandes".

Morgenübung: Kranichstand
Durch diese Übung wird die Muskulatur in den Beinen gestärkt und das Gleichgewicht sowie die Stabilität verbessert.
So führen Sie den Kranichstand aus:

• Stellen Sie sich aufrecht hin und verlagern Sie Ihr Gewicht auf Ihr rechtes Bein.

- Heben Sie Ihr linkes Knie zur Brust und halten Sie Ihr linkes Fußgelenk mit Ihrer linken Hand.
- Strecken Sie Ihre rechte Hand nach vorne, die Handfläche zeigt nach unten. Gleichzeitig strecken Sie Ihr linkes Bein nach hinten, bis es parallel zum Boden ist.
- Halten Sie diese Position, während Sie sich auf einen Punkt vor Ihnen konzentrieren.
- Versuchen Sie, die Balance so lange wie möglich zu halten.
- Wiederholen Sie die Übung mit dem anderen Bein.

Abend - Geistige Praxis: Meditation und Visualisierung

Visualisieren Sie eine Waage oder ein Pendel, das perfekt ausbalanciert ist:

- Nehmen Sie eine bequeme Sitzposition ein und achten Sie darauf, dass Ihr Rücken gerade ist.
- Schließen Sie sanft Ihre Augen und atmen Sie ein paar Mal tief ein und aus, um sich zu entspannen.
- Stellen Sie sich in Ihrer Vorstellung eine perfekt ausbalancierte Waage oder ein Pendel vor.
- Richten Sie Ihre Aufmerksamkeit auf dieses Bild und lassen Sie Ihre Gedanken ruhig und ausgeglichen werden.
- Falls Ihre Gedanken abschweifen, kehren Sie behutsam zur Visualisierung zurück.
- Beenden Sie die Meditation nach einer vorher festgelegten Zeitdauer.

Abendreflexion:

- Wie war Ihre Erfahrung mit dem Kranichstand?
- War es eine Herausforderung, das Gleichgewicht zu halten?

• Wie hat sich die Visualisierungsmeditation auf Ihre geistige Balance ausgewirkt?

Schreiben Sie Ihre Gedanken und Erfahrungen in Ihr Übungstagebuch.

Tag 8

Motto des Tages: "Mit einer ruhigen Seele lebt man am besten."

Tagesziel: Kultivierung innerer Ruhe und Gelassenheit.

Morgenübung: Stehender Baum

- Stehen Sie aufrecht, die Füße parallel zueinander und etwa schulterbreit voneinander entfernt.
- Beugen Sie Ihre Knie leicht und strecken Sie Ihre Arme seitlich vom Körper weg, als würden Sie einen imposanten Baum umarmen.
- Ihre Hände sollten sich vor Ihrer Brust befinden, mit den Handflächen zueinander zeigend, jedoch ohne sich zu berühren.
- Entspannen Sie Ihren Körper und lassen Sie Ihre Energie frei durch Ihren Körper fließen.
- Halten Sie diese Position für einige Minuten und bemühen Sie sich, Ihren Geist zu beruhigen und sich auf Ihre Atmung zu konzentrieren.

Abend - Geistige Praxis: Achtsames Gehen

Die Praxis der Achtsamkeit ist ein zentraler Bestandteil der Shaolin-Philosophie und hilft bei der Kultivierung innerer Ruhe. Für die heutige geistige Praxis üben Sie Achtsamkeit beim Gehen. Wählen Sie einen ruhigen Weg, gehen Sie langsam und bewusst entlang. Achten Sie auf die Empfindungen in Ihren Füßen. Seien Sie präsent in dem Moment und versuchen Sie, Ihre Gedanken zu beruhigen und einfach nur zu "sein". Diese Übung fördert die innere Ruhe und hilft Ihnen, sich auf das Hier und Jetzt zu konzentrieren, anstatt sich von störenden Gedanken ablenken zu lassen.

Abendreflexion:

- Haben Sie heute innere Ruhe und Gelassenheit empfunden?
- Wie haben die Übungen des Tages dazu beigetragen?
- In welchen Bereichen Ihres Lebens könnten Sie mehr Ruhe und Gelassenheit anstreben?

Notieren Sie Ihre Gedanken und Erkenntnisse in Ihrem Übungstagebuch.

Tag 9

Motto des Tages: "Lebe im Jetzt."

Tagesziel: Förderung des Bewusstseins und der Präsenz im gegenwärtigen Moment.

Morgenübung: Tigerübungen
Die heutige Übung ist das "Qi Gong der Fünf Tiere", eine alte Shaolin-Übungsreihe, die auf den Bewegungen von fünf Tieren basiert: Tiger, Hirsch, Bär, Affe und Kranich. Jede Bewegung hat einen direkten Bezug zu einer bestimmten Organfunktion und fördert das Bewusstsein und die Achtsamkeit. Für heute konzentrieren wir uns auf die Tigerübungen:

- **Tiger streckt die Krallen**: Stellen Sie sich mit leicht gebeugten Knien hin. Strecken Sie Ihre Arme aus und öffnen Sie Ihre Hände, als ob ein Tiger seine Krallen ausstreckt. Ziehen Sie Ihre Hände dann zurück, indem Sie Ihre Finger zu Ihren Handgelenken krümmen.

- **Tiger springt auf das Beutetier**: Beugen Sie Ihre Knie tiefer und stellen Sie sich vor, Sie seien ein Tiger, der bereit ist zu springen. Springen Sie dann nach vorne, strecken Sie Ihre Arme aus und öffnen Sie Ihre Hände wie Krallen.

Führen Sie diese Übungen in einer ruhigen und kontrollierten Bewegung aus und lenken Sie Ihre volle Aufmerksamkeit auf das, was Sie tun. Diese Übungen stärken die Muskeln und fördern das Bewusstsein und die Präsenz im gegenwärtigen Moment.

Abend - Geistige Praxis: Samatha-Meditation

- Setzen Sie sich in einer ruhigen Umgebung bequem hin und schließen Sie Ihre Augen.
- Konzentrieren Sie sich auf Ihre Atmung.
- Spüren Sie, wie die Luft ein- und ausgeht.
- Falls Ihre Gedanken abschweifen, lenken Sie behutsam Ihre Aufmerksamkeit zurück auf Ihre Atmung.
- Durch diese Übung wird das Bewusstsein für den gegenwärtigen Moment gefördert und Ablenkungen werden minimiert.

Abendreflexion:

- Haben Sie heute das Gefühl gehabt, wirklich im gegenwärtigen Moment zu leben?
- Wie hat die Praxis der Fünf Tiere und die Meditation zur Beruhigung dazu beigetragen?

Notieren Sie Ihre Gedanken und Erkenntnisse in Ihrem Übungstagebuch.

Tag 10

Motto des Tages: "Überwinde Hindernisse."

Tagesziel: Stärkung von Entschlossenheit und Ausdauer, um Herausforderungen zu überwinden.

Morgenübung: Pferdehuf

Heute werden wir uns auf Shaolin Kung Fu Formen konzentrieren, speziell auf eine Basisübung, die als "Pferdehuf" bekannt ist. Sie ist ein wichtiger Teil des Shaolin Kung Fu und hilft, das Gleichgewicht zu verbessern und die Beinmuskulatur zu stärken.

- Beginnen Sie in einem aufrechten Stand. Ihre Füße sind etwa hüftbreit auseinander.
- Stellen Sie sich vor, Sie würden auf einem Pferd reiten, und gehen Sie in eine tiefe Hocke.
- Ihre Knie sollten etwa im rechten Winkel gebeugt sein und Ihre Oberschenkel sollten parallel zum Boden sein.
- Halten Sie diese Position für einige Augenblicke und kehren Sie dann sanft in die Anfangsposition zurück.
- Wiederholen Sie diese Übung mehrere Male.

Beachten Sie, dass es zunächst schwierig sein kann, die Hockposition für längere Zeit zu halten. Dies ist eine Herausforderung, die Sie mit Ausdauer und Entschlossenheit überwinden können.

Abend - Geistige Praxis: Metta-Meditation

Diese Praxis hilft dabei, Mitgefühl und Verständnis für sich selbst und andere zu entwickeln, was besonders nützlich sein kann, wenn man auf Hindernisse stößt.

- Setzen Sie sich in einer ruhigen und bequemen Position hin und schließen Sie die Augen.
- Beginnen Sie damit, Mitgefühl und Liebe für sich selbst zu entwickeln.
- Stellen Sie sich vor, wie Sie mit Liebe und Freundlichkeit gefüllt sind.
- Dann erweitern Sie dieses Gefühl der liebevollen Güte auf andere, auf geliebte Menschen, auf Bekannte und schließlich auf alle Lebewesen.

Abendreflexion:

- Denken Sie über die Hindernisse nach, auf die Sie heute gestoßen sind.
- Wie haben die körperliche Übung und die geistige Praxis Ihnen dabei geholfen, diese Herausforderungen anzugehen?

Schreiben Sie Ihre Gedanken in Ihr Übungstagebuch.

Tag 11

Motto des Tages: "Ruhe im Sturm."

Tagesziel: Entwicklung von Gelassenheit und innerer Ruhe, auch in schwierigen Zeiten.

Morgenübung: Die Hände zum Himmel heben
Diese Bewegung hilft dabei, den Körper zu strecken und die Atmung zu vertiefen, was dazu beiträgt, einen Zustand innerer Ruhe zu fördern.

- Stehen Sie aufrecht und entspannt. Ihre Füße sind schulterbreit auseinander.

• Heben Sie beide Hände vor Ihren Körper, die Handflächen zeigen zueinander.

• Während Sie einatmen, strecken Sie beide Hände langsam nach oben, als ob Sie zum Himmel greifen würden.

• Während Sie ausatmen, senken Sie die Hände langsam wieder nach unten.

• Wiederholen Sie diese Übung mehrmals, wobei Sie sich auf Ihre Atmung und die Bewegung Ihrer Hände konzentrieren.

Abend - Geistige Praxis: Stille Meditation

Diese Meditationstechnik ist einfach, aber effektiv und kann helfen, ein Gefühl von innerer Ruhe und Gelassenheit zu fördern.

• Setzen Sie sich in einer ruhigen Umgebung bequem hin und schließen Sie die Augen.

• Konzentrieren Sie sich auf Ihren Atem, wie er ein- und ausströmt.

• Wenn Gedanken aufkommen, beobachten Sie sie einfach, ohne sie zu bewerten oder sich auf sie zu konzentrieren.

• Lassen Sie die Gedanken vorüberziehen, wie Wolken am Himmel.

Abendreflexion:

• Wie hat sich Ihre innere Ruhe und Gelassenheit im Laufe des Tages entwickelt?

• Gab es Momente der Ruhe, auch inmitten des "Sturms"?

Schreiben Sie Ihre Gedanken und Erfahrungen in Ihr Übungstagebuch.

Tag 12

Motto des Tages: "Die Wurzeln stärken."

Tagesziel: Aufbau von Stabilität und Kraft durch die Pflege unserer "Wurzeln".

Morgenübung: Pferd steht in der Stellung
Heute konzentrieren wir uns auf "Pferd steht in der Stellung", eine fundamentale Shaolin-Übung zur Stärkung der Beine und zur Entwicklung von Ausdauer und Standfestigkeit.

- Beginnen Sie in einer aufrechten Stehposition.
- Breiten Sie Ihre Füße breit aus, etwa doppelt so breit wie Ihre Schulterbreite.
- Begeben Sie sich in eine Hocke, indem Sie Ihre Knie beugen und Ihren Körper absenken, ähnlich, als würden Sie sich auf einen unsichtbaren Stuhl setzen.
- Halten Sie Ihre Arme vor der Brust, die Hände in Faustform und die Handflächen zeigen nach oben.
- Halten Sie diese Position so lange wie möglich, beginnen Sie vielleicht mit ein paar Minuten und erhöhen Sie allmählich die Zeit.

Abend - Geistige Praxis: Baum-Meditation
Diese Praxis ist darauf ausgerichtet, unsere Verbindung mit der Erde zu stärken und unser Gefühl von Stabilität und Bodenständigkeit zu fördern.

- Finden Sie einen friedlichen Ort im Freien, wo Sie sich entspannt und wohl fühlen.
- Stellen Sie sich barfuß auf den Boden und schließen Sie die Augen.

• Stellen Sie sich vor, wie Wurzeln von Ihren Füßen tief in die Erde wachsen.

• Fühlen Sie, wie Sie durch diese Wurzeln Energie aus der Erde aufnehmen.

• Atmen Sie tief ein und aus und stellen Sie sich bei jedem Ausatmen vor, wie Sie alle Unruhe und Anspannung durch diese Wurzeln in die Erde abgeben.

Abendreflexion:

• Wie fühlten sich die Übungen heute für Sie an?

• Haben Sie eine stärkere Verbindung zu Ihren "Wurzeln" gespürt?

• Gab es Veränderungen in Ihrem Gefühl von Stabilität und Bodenständigkeit?

Schreiben Sie Ihre Beobachtungen und Gedanken in Ihr Übungstagebuch.

Tag 13

Motto des Tages: "Die Kunst des Loslassens."

Tagesziel: Lernen, Dinge loszulassen, die Ihnen nicht mehr dienen.

Morgenübung: Lao Gong Ausatmung
Heute werden wir uns auf eine Übung namens "Lao Gong Ausatmung" konzentrieren, die hilft, körperliche und emotionale Spannungen loszulassen.

• Beginnen Sie in einer stehenden oder sitzenden Position, je nachdem, was für Sie bequemer ist.

- Falten Sie Ihre Hände vor Ihrer Brust, die Handflächen zeigen zueinander und die Finger zeigen nach oben.
- Atmen Sie tief ein und stellen Sie sich vor, wie Sie positive Energie durch Ihre Hände aufnehmen.
- Beim Ausatmen öffnen Sie die Hände und strecken die Arme seitlich aus, als würden Sie etwas wegdrücken.
- Während Sie ausatmen, stellen Sie sich vor, wie Sie alle unerwünschten Emotionen und Spannungen loslassen und sie sanft in den Weiten des Weltraums verschwinden lassen.

Abend - Geistige Praxis: Loslass-Meditation

- Setzen Sie sich in eine bequeme Position und schließen Sie die Augen.
- Atmen Sie tief ein und aus.
- Denken Sie an eine bestimmte Situation, Person oder Emotion, die Sie loslassen möchten.
- Stellen Sie sich diese Situation oder Person vor Ihrem inneren Auge vor.
- Atmen Sie tief ein und nehmen Sie einen Moment lang diese Situation oder Person in sich auf.
- Beim Ausatmen stellen Sie sich vor, wie Sie diese Situation oder Person loslassen und sie in Licht und Liebe hüllen.
- Verweilen Sie in diesem Zustand, solange es für Sie angenehm ist.

Abendreflexion:

- Was haben Sie heute losgelassen?
- Wie hat sich das auf Ihr Wohlbefinden ausgewirkt?
- Konnten Sie eine Veränderung in Ihrer Stimmung oder Ihrem Energielevel feststellen, nachdem Sie die Übungen durchgeführt hatten?

Notieren Sie Ihre Gedanken und Erfahrungen in Ihrem Übungstagebuch.

Tag 14

Motto des Tages: "Die Weisheit des Gleichgewichts."

Tagesziel: Das Gleichgewicht von Körper, Geist und Seele durch die Praxis des "Stehenden Baums" kultivieren.

Morgenübung: Stehender Baum
Um Ihr Gleichgewicht weiter zu stärken, üben Sie heute wieder "Zhan Zhuang", oder "Stehender Baum".

- Stehen Sie aufrecht, die Füße hüftbreit auseinander.
- Beugen Sie leicht die Knie und lassen Sie Ihre Arme entspannt an den Seiten hängen.
- Stellen Sie sich vor, Sie seien ein Baum. Ihre Füße sind die Wurzeln, die tief in die Erde reichen. Ihr Körper ist der Stamm, stark und stabil. Ihre Arme sind die Äste, die sich dem Himmel entgegenstrecken.
- Nehmen Sie einen tiefen Atemzug ein und atmen Sie langsam aus, während Sie diese Position so lange wie möglich halten. Konzentrieren Sie sich auf das Gefühl der Stabilität und des Gleichgewichts.

Abend - Geistige Praxis: Meditation
Für unsere geistige Übung werden wir eine Meditation durchführen, die darauf abzielt, Gleichgewicht und Harmonie im Geist zu fördern.

- Setzen Sie sich bequem hin und schließen Sie die Augen.
- Atmen Sie tief ein und aus und konzentrieren Sie sich auf Ihren Atem.

• Stellen Sie sich eine Waage vor, auf der eine Seite Ihre körperlichen Bedürfnisse und auf der anderen Seite Ihre geistigen und emotionalen Bedürfnisse darstellt.

• Stellen Sie sich vor, wie Sie diese Waage ausbalancieren, indem Sie genau das geben, was jede Seite braucht.

Führen Sie diese Meditation so lange durch, wie Sie möchten. Ziel ist es, ein Gefühl des inneren Gleichgewichts und der Harmonie zu erreichen.

Abendreflexion:

• Wie haben Sie heute das Gleichgewicht in Ihrem Leben kultiviert?

• Welche Herausforderungen sind Ihnen dabei begegnet?

• Wie hat die "Stehender Baum"-Übung Ihr Gefühl von Stabilität und Balance beeinflusst?

Notieren Sie Ihre Gedanken und Erfahrungen in Ihrem Übungstagebuch.

Tag 15:

Motto des Tages: "Kraft aus der Ruhe."

Tagesziel: Die Fähigkeit entwickeln, innere Ruhe als Quelle der Stärke zu nutzen.

Morgenübung: Tiger Qi Gong
In der Shaolin-Philosophie wird viel Wert auf die Kultivierung von innerer Ruhe gelegt, da sie als Quelle von Stärke und Ausgeglichenheit angesehen wird. Eine der Übungen, die zur Kultivierung dieser

inneren Ruhe dienen, ist der "Qi Gong der fünf Tiere". Heute werden wir uns auf den "Tiger"-Teil dieser Übung konzentrieren, der dazu dient, die innere Kraft und Energie zu stärken.

- Positionieren Sie sich in einer aufrechten Haltung mit den Füßen in schulterbreitem Abstand und den Knien leicht gebeugt.
- Strecken Sie Ihre Arme vor Ihrem Körper aus und formen Sie Ihre Hände zu Klauen, als ob Sie die Kraft und Agilität eines Tigers verkörpern.
- Atmen Sie tief ein und spannen Sie alle Muskeln in Ihrem Körper an, während Sie sich vorstellen, wie die Kraft des Tigers durch Sie fließt.
- Atmen Sie langsam aus und entspannen Sie alle Muskeln, während Sie die Kraft des Tigers in sich spüren.

Wiederholen Sie diese Übung mehrere Male, um die Verbindung zwischen innerer Ruhe und Stärke zu verstärken.

Abend - Geistige Praxis: Stille Meditation

- Setzen Sie sich bequem hin und schließen Sie die Augen.
- Atmen Sie tief ein und aus und konzentrieren Sie sich auf Ihren Atem.
- Versuchen Sie, alle Gedanken und Ablenkungen loszulassen und einfach in der Stille zu verweilen.
- Wenn Gedanken oder Ablenkungen auftauchen, lassen Sie sie einfach vorbeiziehen, ohne sich auf sie zu konzentrieren.
- Verbringen Sie so viel Zeit wie möglich in dieser stillen Meditation, um Ihre innere Ruhe zu kultivieren.

Abendreflexion:

- Wie haben Sie heute innere Ruhe als Quelle der Stärke genutzt?
- Welche Herausforderungen sind Ihnen dabei begegnet?

• Wie haben die "Qi Gong der fünf Tiere"-Übung und die "Stille Meditation" Ihre Fähigkeit beeinflusst, innere Ruhe zu kultivieren und zu nutzen?

Schreiben Sie Ihre Gedanken und Erfahrungen in Ihr Übungstagebuch.

Tag 16

Motto des Tages: "Ruhe in Bewegung, Bewegung in Ruhe."

Tagesziel: Das Konzept der ruhigen Bewegung durch Tai Chi Praxis verstehen.

Morgenübung: Tai Chi
Beginnen Sie Ihren Tag mit der Praxis des Tai Chi, einer traditionellen chinesischen Kampfkunst, die auch eine Form der bewegten Meditation ist. Heute fokussieren wir uns auf die "24er Form", eine verkürzte Version, die besonders gut für Anfänger geeignet ist. Es geht darum, langsame, fließende Bewegungen mit tiefer, bewusster Atmung zu kombinieren. Denken Sie an das Motto des Tages: Auch in der Bewegung gibt es eine tiefe Ruhe, und auch in der Ruhe gibt es Bewegung.

• **Der Beginn**: Stehen Sie aufrecht, die Füße schulterbreit auseinander. Lassen Sie die Arme langsam an den Seiten nach oben schweben und senken Sie sie dann wieder sanft, während Sie tief ein- und ausatmen.

• **Die Mähne des Wildpferdes teilen**: Schreiten Sie langsam nach vorne, während Sie eine Hand nach vorne und die andere nach hinten bewegen, als ob Sie die Mähne eines Pferdes teilen würden.

- **Der Kranich breitet seine Flügel aus**: Heben Sie ein Bein und strecken Sie den entsprechenden Arm aus, als ob ein Kranich seine Flügel ausbreitet.

Praktizieren Sie diese drei Anfangsbewegungen der 24 Form, und wiederholen Sie sie, bis sie sich flüssig und natürlich anfühlen. Die volle 24 Form beinhaltet mehr Bewegungen, aber es ist wichtig, langsam zu beginnen und die Grundlagen zu beherrschen.

Abend - Geistige Praxis: Stille Meditation

- Setzen Sie sich bequem hin und konzentrieren Sie sich auf Ihre Atmung.
- Wenn Gedanken auftauchen, beachten Sie sie, aber lassen Sie sie vorüberziehen, ohne sich auf sie zu konzentrieren oder ihnen nachzuhängen.
- Denken Sie an das heutige Motto: "Ruhe in Bewegung, Bewegung in Ruhe."
- Selbst wenn Ihr Geist sich bewegt, gibt es einen Ort der tiefen Ruhe darin.
- Streben Sie danach, diesen Ort während Ihrer Meditation zu erreichen.

Abendreflexion:

- Reflektieren Sie am Ende des Tages, wie gut es Ihnen gelungen ist, Bewegung und Ruhe in Ihrer Tai Chi Praxis zu integrieren.
- Wie hat sich die stille Meditation auf Ihren Geist ausgewirkt?
- Haben Sie einen Ort der Ruhe inmitten der Bewegung Ihres Geistes gefunden?

Schreiben Sie Ihre Gedanken und Erkenntnisse in Ihr Übungstagebuch.

Tag 17

Motto des Tages: "Körper und Geist sind eins."

Tagesziel: Vertiefung der Körper-Geist-Verbindung durch Praxis des Tai Chi und bewusster Atmung.

Morgenübung: Tai Chi

Wir setzen unsere Tai Chi Praxis fort und fügen drei weitere Bewegungen der 24er Form hinzu:

- **Knie bürsten und Schritt nach vorn**: Bewegen Sie Ihr Gewicht auf ein Bein und machen Sie mit dem anderen Bein einen Schritt nach vorne. Gleichzeitig führen Sie eine "pinselnde" Bewegung mit dem Arm auf der Seite des vorderen Beins durch und strecken den anderen Arm nach vorne aus.
- **Spiele die Laute**: Stellen Sie sich vor, Sie halten eine Laute in den Händen und streichen sanft über die Saiten, während Sie Ihr Gewicht auf ein Bein verlagern.
- **Weise den Affen ab**: Verlagern Sie Ihr Gewicht auf das hintere Bein, während Sie eine abweisende Handbewegung machen, als ob Sie einen Affen zurückstoßen würden.

Denken Sie daran, dass jede Bewegung in Verbindung mit der Atmung ausgeführt wird. Atmen Sie tief ein und aus, während Sie sich durch jede Pose bewegen. Lassen Sie Ihren Körper und Geist eins werden.

Abend - Geistige Praxis: Einsichts-Meditation

- Setzen Sie sich bequem hin, Rücken gerade.
- Schließen Sie Ihre Augen und fokussieren Sie sich auf Ihren Atem.
- Wenn Ihre Aufmerksamkeit abschweift, lenken Sie sie sanft zurück zum Atem.

• Beobachten Sie Ihre Gedanken und Gefühle ohne sie zu bewerten oder Widerstand zu leisten.

• Beenden Sie die Meditation nach einer festgelegten Zeitdauer.

Abendreflexion:

• Denken Sie am Ende des Tages darüber nach, wie die Tai Chi-Praxis und die Einsichts-Meditation Ihnen geholfen haben, Körper und Geist besser zu verbinden.

• Wo haben Sie Fortschritte gemacht?

• Wo gibt es noch Raum für Verbesserungen?

Notieren Sie Ihre Beobachtungen in Ihrem Übungstagebuch.

Tag 18

Motto des Tages: "Bewegung und Stille sind zwei Seiten der gleichen Medaille."

Tagesziel: Harmonisierung von Aktivität und Ruhe durch Shaolin Kung Fu und stille Meditation.

Morgenübung: Tigersprung
Heute kehren wir zur körperlichen Praxis des Shaolin Kung Fu zurück und lernen eine neue Bewegung, den "Tigersprung".

• Starten Sie in einer aufrechten Position.

• Verlagern Sie Ihr Gewicht auf ein Bein und heben Sie das andere Bein, während Sie mit der entsprechenden Hand nach vorne schlagen, als ob Sie Krallen hätten.

- Landen Sie sanft auf dem Boden und wiederholen Sie die Bewegung auf der anderen Seite.

Diese Übung sollte mit Energie und Dynamik ausgeführt werden, so wie ein Tiger sich auf seine Beute stürzt.

Abend - Geistige Praxis: Stille Meditation

- Wählen Sie einen ruhigen Ort für die Meditation.
- Finden Sie eine bequeme Sitzposition, Rücken gerade.
- Schließen Sie Ihre Augen.
- Legen Sie Ihren Fokus auf einen bestimmten Punkt, z.B. Ihren Atem, ein Mantra oder die Stille.
- Lassen Sie alle Gedanken los und tauchen Sie in die Stille ein.
- Wenn Ihr Geist abwandert, lenken Sie ihn sanft zurück zum gewählten Fokuspunkt.
- Beenden Sie die Meditation nach einer festgelegten Zeitdauer.

Abendreflexion:

- Wie war Ihre Erfahrung mit der Integration von dynamischer Körperarbeit und stiller Meditation?
- Haben Sie eine Balance zwischen Aktivität und Ruhe gefunden?
- Wie hat die Praxis des "Tiger Sprung" Ihre Energie beeinflusst und wie hat die stille Meditation dazu beigetragen, diese Energie zu erden?

Notieren Sie Ihre Beobachtungen in Ihrem Übungstagebuch.

Tag 19

Motto des Tages: "Anpassungsfähigkeit ist der Schlüssel zur Überwindung von Hindernissen."

Tagesziel: Verbesserung der Anpassungsfähigkeit und Beweglichkeit durch spezifische Kung Fu Bewegungen und Achtsamkeitspraxis.

Morgenübung: Affensprung

Die heutige Übung ist der "Affensprung", eine Bewegung, die sowohl Geschicklichkeit als auch Anpassungsfähigkeit erfordert.

- Beginnen Sie in einer Kniebeuge-Position, mit den Füßen etwa hüftbreit auseinander und den Händen auf dem Boden vor Ihnen.
- Springen Sie dann vorwärts, wobei Sie Ihre Hände auf den Boden vor Ihnen setzen und Ihre Füße in Richtung Ihrer Hände springen lassen.

Wiederholen Sie diese Bewegung in einer fließenden, fortlaufenden Weise.

Abend - Geistige Praxis: Achtsamkeitsmeditation

- Setzen Sie sich bequem hin, Rücken gerade.
- Schließen Sie Ihre Augen und fokussieren Sie sich auf Ihren Atem.
- Wenn Ihre Aufmerksamkeit abschweift, lenken Sie sie sanft zurück zum Atem.
- Beobachten Sie Ihre Gedanken und Gefühle ohne sie zu bewerten oder Widerstand zu leisten.
- Beenden Sie die Meditation nach einer festgelegten Zeitdauer.

Abendreflexion:

- Haben Sie heute Fortschritte in Ihrer Beweglichkeit und Anpassungsfähigkeit bemerkt?
- Wie hat der "Affensprung" Ihre physische Anpassungsfähigkeit beeinflusst?
- Wie hat die Achtsamkeitsmeditation Ihre geistige Anpassungsfähigkeit verbessert?

Notieren Sie Ihre Beobachtungen und Erkenntnisse in Ihrem Übungstagebuch.

Tag 20

Motto des Tages: "Die Stärke des Geistes ist mächtiger als die Stärke des Körpers."

Tagesziel: Entwicklung geistiger Stärke und Konzentration.

Morgenübung: Eisenhemd Qi Gong

- **Erdung**: Stehen Sie aufrecht und entspannt. Stellen Sie sich vor, wie Wurzeln von Ihren Füßen in den Boden wachsen und Sie stabilisieren. Atmen Sie tief ein und aus, und lassen Sie alle Spannungen mit jedem Ausatmen los.
- **Bergpose**: Stehen Sie aufrecht und heben Sie die Arme an, als ob Sie einen großen Ball halten würden. Halten Sie diese Position für einige Minuten, während Sie weiterhin tief und gleichmäßig atmen.

Abend - Geistige Praxis: Stille Meditation

- Setzen Sie sich bequem hin und halten Sie Ihren Rücken gerade.

- Schließen Sie Ihre Augen.
- Konzentrieren Sie sich auf Ihren Atemfluss.
- Lassen Sie alle Gedanken und Ablenkungen los, haften Sie nicht an ihnen.
- Verbleiben Sie in diesem Zustand der Stille und Ruhe.
- Beenden Sie die Meditation langsam nach einer festgelegten Zeit.

Abendreflexion:

- Haben Sie heute eine Verbesserung Ihrer geistigen Stärke bemerkt?
- Wie hat die Übung des "Eisenhemd Qigong" Ihre körperliche und geistige Stabilität beeinflusst?
- Wie hat die Stille Meditation Ihren Geist beeinflusst?

Notieren Sie Ihre Gedanken und Beobachtungen in Ihrem Übungstagebuch.

Tag 21

Motto des Tages: "Ruhe in der Bewegung, Bewegung in der Ruhe."

Tagesziel: Den ausgewogenen Zustand zwischen Aktion und Stille finden.

Morgenübung: Durchbohre die Wolken

Diese Übung dient zur Mobilisierung der Lebensenergie und zur Verbesserung des Flusses dieser Energie im Körper.

- Nehmen Sie eine stabile Standposition ein, indem Sie Ihre Füße in einer schulterbreiten Distanz voneinander platzieren. Ihre Arme befinden sich entspannt an den Seiten.

• Nun heben Sie Ihre Arme seitlich an, wobei Ihre Handflächen nach oben zeigen.

• Drehen Sie Ihre Handflächen langsam und bewusst nach unten.

• Strecken Sie beim Ausatmen Ihre Arme nach vorne aus, so als ob Sie durch dichte Wolken stoßen würden.

• Ziehen Sie die Arme wieder zur Brust zurück, während Sie einatmen.

• Senken Sie schließlich Ihre Arme zur Seite herab und beginnen Sie von vorn.

• Wiederholen Sie diesen Ablauf mehrere Male.

Abend - Geistige Praxis: Bewegungs-Meditation

• Setzen Sie sich bequem hin und schließen Sie Ihre Augen.

• Stellen Sie sich eine Szenerie vor, in der Sie in Bewegung und dennoch ruhig sind, wie ein Baum, der sanft im Wind schwingt.

• Wie ergänzen sich Bewegung und Ruhe in diesem Bild?

Abendreflexion:

• Haben Sie heute ein neues Gefühl für das Gleichgewicht zwischen Bewegung und Ruhe erfahren?

• Wie hat sich die Übung "Durchbohre die Wolken" auf Ihre Energie ausgewirkt?

• Konnten Sie durch die Meditation und Atemübung einen Zustand der bewegten Ruhe erreichen?

Halten Sie Ihre Erfahrungen und Einsichten in Ihrem Übungstagebuch fest.

Tag 22

Motto des Tages: "In Harmonie mit der Natur."

Tagesziel: Sich mit der natürlichen Welt verbinden und ihre Energie in den Körper aufnehmen.

Morgenübung: Das Wildpferd schüttelt seine Mähne
Diese Übung wird in fließenden Bewegungen ausgeführt:

- Beginnen Sie in einer entspannten stehenden Position. Ihre Füße sollten etwa hüftbreit auseinander sein, und Ihre Knie sollten leicht gebeugt sein.
- Lassen Sie Ihre Arme entspannt an den Seiten hängen. Atmen Sie tief ein und heben Sie Ihren linken Arm auf Schulterhöhe, während Ihr rechter Arm nach unten bleibt.
- Während Sie ausatmen, lassen Sie Ihren linken Arm fallen und heben Sie Ihren rechten Arm auf Schulterhöhe. Die Bewegung sollte flüssig und natürlich sein, als ob Sie eine Mähne streicheln würden.
- Wiederholen Sie diese Bewegung, wechseln Sie die Arme und bewegen Sie sich rhythmisch von einer Seite zur anderen. Stellen Sie sich dabei vor, wie Sie die Energie der Natur aufnehmen und in sich aufsaugen.

Abend - Geistige Praxis: Baum-Meditation

- Finden Sie einen Baum und stellen Sie sich in seiner Nähe auf.
- Schließen Sie die Augen, atmen Sie tief ein und stellen Sie sich vor, wie Sie Wurzeln in den Boden schlagen.
- Fühlen Sie, wie Sie die Energie des Baumes und der Erde aufnehmen und gleichzeitig unnötige Energie in den Boden abgeben.

• Lassen Sie diese Verbindung zu und versuchen Sie, die Stabilität und die Ruhe des Baumes in sich aufzunehmen.

Abendreflexion:

• Wie hat die Übung "Das Wildpferd schüttelt seine Mähne" Ihre Verbindung zur Natur und zu Ihrer eigenen natürlichen Energie beeinflusst?

• Wie hat die Baum-Meditation Ihre Verbindung zur Erde und zu den Bäumen beeinflusst?

• Haben Sie einen Unterschied in Ihrem Energielevel oder in Ihrer Stimmung bemerkt?

Schreiben Sie Ihre Gedanken und Beobachtungen in Ihr Übungstagebuch.

Tag 23:

Motto des Tages: "Die Kontrolle liegt in der Entspannung."

Tagesziel: Erkennen, dass wahre Kraft und Kontrolle aus der Entspannung und Loslassen, nicht aus Anspannung und Festhalten kommen.

Morgenübung: Schüttelübung
Diese Übung hilft, Spannungen abzubauen und die Muskulatur zu entspannen.

• Stellen Sie sich mit locker aufgehängten Schultern und leicht gebeugten Knien aufrecht hin. Die Füße sind hüftbreit auseinander. Atmen Sie tief ein.

• Beim Ausatmen, beginnen Sie Ihren Körper zu schütteln, beginnend mit den Füßen und Beinen und bewegen Sie sich dann nach oben durch Ihren Körper. Schütteln Sie Ihre Arme, Schultern, und lassen Sie Ihren Kopf locker schwingen.

• Lassen Sie jeden Teil Ihres Körpers locker und entspannt. Lassen Sie alle Verspannungen los und schütteln Sie alle Stress weg.

• Nehmen Sie sich 5-10 Minuten Zeit für diese Übung. Beenden Sie die Übung langsam und kehren Sie in eine ruhige stehende Position zurück.

Abend - Geistige Praxis: Entspannungsmeditation

• Nehmen Sie eine bequeme Sitzposition ein, schließen Sie sanft Ihre Augen und fokussieren Sie sich auf Ihren Atem.

• Lassen Sie mit jedem Ausatmen die Spannung aus Ihrem Körper los.

• Beginnen Sie mit den Füßen und arbeiten Sie sich nach oben durch Ihren Körper, lassen Sie jede Muskelgruppe los und entspannen Sie sich.

• Nehmen Sie sich Zeit und lassen Sie jegliche Anspannung und jeglichen Stress los.

Abendreflexion:

• Wie hat die Schüttelübung Ihre körperliche Spannung beeinflusst?

• Wie hat die Entspannungsmeditation Ihren Geist beeinflusst?

• Haben Sie bemerkt, dass Sie durch das Loslassen und Entspannen mehr Kontrolle über Ihren Körper und Ihren Geist haben?

Notieren Sie Ihre Gedanken und Erfahrungen in Ihrem Übungstagebuch.

Tag 24

Motto des Tages: "Widerstand führt zu Stärke."

Tagesziel: Erkennen, dass Herausforderungen und Widerstände nicht Hindernisse sind, sondern Möglichkeiten, stärker zu werden und zu wachsen.

Morgenübung: Der Stehende Bogen

Diese Übung baut Körperkraft auf und fördert die Ausdauer.

- Beginnen Sie in einer stehenden Position, Füße hüftbreit auseinander, die Arme locker an den Seiten.
- Strecken Sie beide Arme gerade nach vorne aus, parallel zum Boden, und ballen Sie die Fäuste.
- Beugen Sie die Knie und senken Sie Ihren Körper in eine halbe Hockposition. Stellen Sie sich vor, Sie ziehen einen großen Bogen zurück, indem Sie einen Arm zurückziehen, während der andere Arm ausgestreckt bleibt.
- Halten Sie diese Position für einige Minuten, atmen Sie tief und gleichmäßig.
- Wechseln Sie die Arme und wiederholen Sie die Übung.

Abend - Geistige Praxis: Anerkennungs-Visualisierung.

- Setzen Sie sich bequem hin und schließen Sie die Augen.
- Nehmen Sie einen tiefen Atemzug und entspannen Sie sich.
- Denken Sie an eine Herausforderung oder einen Widerstand, den Sie kürzlich erlebt haben.
- Anstatt es als Hindernis zu sehen, danken Sie ihm dafür, dass er Ihnen die Möglichkeit gegeben hat, zu wachsen und stärker zu werden.

• Verweilen Sie in diesem Gefühl der Dankbarkeit.

Abendreflexion:

• Wie hat die körperliche Übung Ihren Körper beeinflusst?

• Konnten Sie durch die Anerkennungsmeditation eine neue Perspektive auf Herausforderungen und Widerstände gewinnen?

Notieren Sie Ihre Gedanken und Erfahrungen in Ihrem Übungstagebuch.

Tag 25

Motto des Tages: "In der Ruhe liegt die Kraft."

Tagesziel: Entwicklung der Fähigkeit, inmitten von Aktivität und Unruhe einen Zustand innerer Ruhe zu bewahren.

Morgenübung: Sanfte Faust

Diese Übung entwickelt die körperliche Ruhe und Beherrschung.

• Beginnen Sie in einer entspannten stehenden Position, Füße schulterbreit auseinander.

• Beugen Sie die Knie leicht und halten Sie Ihre Arme in Brusthöhe vor sich, Hände zu Fäusten geballt.

• Beugen und strecken Sie die Arme langsam und kontrolliert, während Sie tief und ruhig atmen. Bewegen Sie die Arme nicht hastig oder mit Gewalt, sondern mit einer sanften, fließenden Bewegung.

• Wiederholen Sie diese Bewegung für mehrere Minuten, wobei Sie sich auf die Ruhe und Kontrolle in Ihrer Bewegung konzentrieren.

Abend - Geistige Praxis: Meditation des ruhigen Sees

- Setzen Sie sich bequem hin und schließen Sie die Augen.
- Stellen Sie sich vor, Ihr Geist sei wie ein stiller See, unberührt von Wind und Wellen.
- Unabhängig davon, was um Sie herum geschieht, bleibt Ihr Geist ruhig und ungestört.
- Bleiben Sie in dieser Meditation so lange wie möglich.

Abendreflexion:

- Wie haben Sie heute die "Sanfte Faust"-Übung erlebt?
- Wie hat die "Meditation des ruhigen Sees" Ihren Geist beeinflusst?

Notieren Sie Ihre Erkenntnisse und Erfahrungen in Ihrem Übungstagebuch.

Tag 26

Motto des Tages: "Der Weg ist das Ziel."

Tagesziel: Entdeckung der Freude an der Praxis selbst und der Wertschätzung des Prozesses statt des Ergebnisses.

Morgenübung: Langsame Kicks
Bei dieser Übung geht es nicht darum, wie hoch oder wie kraftvoll Sie treten können, sondern darum, jede Bewegung bewusst und mit vollem Bewusstsein auszuführen.

- Stehen Sie aufrecht mit den Füßen schulterbreit auseinander.
- Heben Sie langsam und bewusst ein Bein an, strecken Sie es aus und führen Sie einen langsamen, kontrollierten Kick aus.
- Wiederholen Sie diesen Vorgang mit dem anderen Bein.

Versuchen Sie, jede Bewegung so bewusst und präzise wie möglich auszuführen. Es geht nicht um Geschwindigkeit oder Kraft, sondern um Bewusstsein und Kontrolle.

Abend - Geistige Praxis:
Heute Abend kehren wir zur "Meditation des ruhigen Sees" zurück, diesmal mit dem Fokus darauf, den Prozess des Meditierens selbst zu genießen. Anstatt nach einem bestimmten Zustand oder Erlebnis zu suchen, lassen Sie die Meditation einfach geschehen und beobachten Sie, was auf natürliche Weise entsteht.

Abendreflexion:

- Wie haben Sie die "Langsame Kick"-Übung heute erlebt?
- Wie war Ihre Erfahrung mit der "Meditation des ruhigen Sees"?
- Konnten Sie die Praxis genießen, ohne nach einem bestimmten Ergebnis zu suchen?

Notieren Sie Ihre Gedanken und Erkenntnisse in Ihrem Übungstagebuch.

Tag 27

Motto des Tages: "Übe dich in Geduld."

Tagesziel: Üben der Geduld durch kontrollierte und bewusste Bewegungen in der körperlichen Praxis und Geduld mit dem eigenen Geist in der Meditation.

Morgenübung: Der fließende Fluß

Diese Technik ist eine traditionelle Shaolin-Übung, die Geduld und Kontrolle fördert.

- Beginnen Sie in einer stehenden Position mit den Füßen schulterbreit auseinander. Atmen Sie tief durch und entspannen Sie sich.
- Heben Sie langsam Ihre Arme vor sich, so als ob Sie einen großen Ball halten würden. Stellen Sie sich vor, dieser Ball sei sehr schwer. Halten Sie diese Position und atmen Sie dabei ruhig und gleichmäßig.
- Senken Sie Ihre Arme langsam und kontrolliert, als ob Sie diesen schweren Ball in eine tiefe Grube sinken lassen würden.

Nehmen Sie sich Zeit für diese Bewegung. Wiederholen Sie diesen Vorgang mehrmals.

Abend - Geistige Praxis: Achtsamkeitsmeditation

- Setzen Sie sich bequem hin, schließen Sie die Augen und legen Sie sanft den Fokus auf Ihren Atem.
- Lassen Sie Ihre Gedanken vorbeiziehen, ohne zu versuchen, sie zu kontrollieren oder zu unterdrücken.
- Wenn Sie feststellen, dass Ihr Geist abschweift, bringen Sie ihn sanft und geduldig zurück zum Atem.

Abendreflexion:

- Wie war Ihre Erfahrung mit der "fließenden Fluss"-Technik?
- Konnten Sie Geduld aufbringen, als Ihre Arme müde wurden?
- Wie war Ihre Erfahrung mit der Geduld-Meditation?
- Konnten Sie Geduld mit Ihrem eigenen Geist üben?

Notieren Sie Ihre Beobachtungen und Gefühle in Ihrem Übungstagebuch.

Tag 28

Motto des Tages: "Die Flügel des Geistes ausbreiten."

Tagesziel: Ausdehnung des Bewusstseins und der körperlichen Flexibilität.

Morgenübung: Kranich-Technik
Dies ist eine klassische Shaolin-Übung, die sowohl für ihre Fähigkeit, die Beweglichkeit zu steigern, als auch für ihren Bezug zur Erhöhung der geistigen Wachsamkeit bekannt ist.

- Beginnen Sie im Stehen mit einem bequemen Abstand zwischen den Füßen.
- Heben Sie Ihre Arme so, dass sie sich in Brusthöhe befinden und Ihre Hände entspannt geöffnet sind, als ob sie Flügel eines Kranichs wären.
- Beginnen Sie, sich langsam von einer Seite zur anderen zu wiegen, ähnlich wie ein Kranich, der sich auf einem Bein ausbalanciert. Halten Sie Ihre Augen offen und konzentrieren Sie sich auf einen Punkt vor Ihnen.
- Mit jedem Schwung atmen Sie tief ein und aus, und lassen Sie Ihre "Flügel" (Arme) sich frei und natürlich bewegen. Fühlen Sie, wie sich Ihr Körper öffnet und Ihre Gelenke sich lockern.

Führen Sie diese Übung für 10-15 Minuten durch.

Abend - Geistige Praxis: Erweiterung des Bewusstseins
Die Praxis der Erweiterung des Bewusstseins ist eine tiefgehende Meditationsform, die dazu dient, das Gewahrsein auf das Hier und Jetzt zu erweitern.

- Setzen Sie sich in einer bequemen Position hin und schließen Sie Ihre Augen.

• Beginnen Sie mit einigen tiefen Atemzügen, um sich zu entspannen und zu erden.

• Stellen Sie sich nun vor, wie Ihre Gedanken, Gefühle und Wahrnehmungen Wellen erzeugen, die sich von Ihnen aus in alle Richtungen ausbreiten. Versuchen Sie, jede Welle zu spüren und zu beobachten, wie sie sich ausbreitet und schließlich wieder zu Ihnen zurückkehrt.

Versuchen Sie, diesen Zustand der erweiterten Wahrnehmung für 10-15 Minuten aufrechtzuerhalten.

Abendreflexion:

• Wie haben die Übungen von heute Ihre Wahrnehmung beeinflusst?

• Haben Sie eine Verbesserung in Ihrer Flexibilität oder in Ihrer Wachsamkeit bemerkt?

• Wie hat die Meditation Ihre Gedanken und Gefühle beeinflusst?

Notieren Sie Ihre Gedanken und Beobachtungen in Ihrem Übungstagebuch.

Tag 29

Motto des Tages: "Die Wellen des Lebens meistern."

Tagesziel: Anpassungsfähigkeit und Gleichgewicht sowohl im Geiste als auch im Körper.

Morgenübung: Drachen-Technik
Die "Drachen-Technik" ist eine weitere klassische Shaolin-Übung, die auf die Stärkung des Gleichgewichts und der Flexibilität abzielt.

- Beginnen Sie in einer stabilen Stehposition, die Füße schulterbreit auseinander.
- Heben Sie langsam einen Arm vor sich, während Sie das gegenüberliegende Bein heben. Versuchen Sie, das Bein so hoch wie möglich zu heben, während Sie den Arm gerade halten.
- Halten Sie diese Position für einen Moment und kehren Sie dann langsam in die Ausgangsposition zurück.
- Wiederholen Sie die Abfolge mit dem anderen Arm und Bein. Achten Sie darauf, dass Sie sich bewusst und langsam bewegen, um das Gleichgewicht zu halten.

Führen Sie diese Übung für 15 Minuten durch, wobei Sie sich auf die Bewegung und das Halten des Gleichgewichts konzentrieren.

Abend - Geistige Praxis: Wellen-Meditation

Die Wellen-Meditation hilft Ihnen dabei, sich auf die ständigen Veränderungen und Schwankungen im Leben einzustellen und diese als Teil des natürlichen Flusses zu akzeptieren.

- Setzen Sie sich bequem hin und schließen Sie die Augen.
- Stellen Sie sich vor, dass Sie auf dem Ozean treiben, und spüren Sie die Wellen, die unter Ihnen auf und ab gehen.
- Jede Welle repräsentiert eine Veränderung oder Herausforderung im Leben. Anstatt gegen die Wellen anzukämpfen, lassen Sie sich von ihnen tragen. Fühlen Sie, wie Sie mit ihnen auf und ab schwingen.
- Falls Ihre Gedanken abschweifen, lenken Sie sie sanft zurück zu den Wellen und dem Gefühl des Auf- und Abschwingens.

Halten Sie diese Praxis für 15-20 Minuten aufrecht.

Abendreflexion:

- Wie hat die Drachen-Technik Ihr Gleichgewicht und Ihre Flexibilität beeinflusst?
- Wie hat die Wellen-Meditation Ihre Sicht auf Veränderungen oder Herausforderungen im Leben verändert?

Notieren Sie Ihre Gedanken und Beobachtungen in Ihrem Übungstagebuch.

Tag 30

Motto des Tages: "Meister des eigenen Pfades."

Tagesziel: Integration und Meisterung aller bisherigen Praktiken, Stärkung des Selbstbewusstseins und Festigung der inneren Stärke.

Morgenübung: Der aufrechte Stand des Shaolin-Kriegers
"Der aufrechte Stand des Shaolin-Kriegers" ist eine ultimative Shaolin-Übung, die all Ihre bisher erlernten Fähigkeiten und Techniken integriert.

- Stehen Sie aufrecht mit geschlossenen Augen und nehmen Sie eine tiefe Verbindung zur Erde unter Ihren Füßen wahr.
- Stellen Sie sich vor, wie Energie durch Ihre Füße nach oben fließt, Ihren Körper durchdringt und aus Ihrem Scheitel in den Himmel strahlt.
- Beginnen Sie nun, verschiedene Bewegungen und Positionen auszuführen, die Sie in den letzten 30 Tagen gelernt haben. Fließen Sie von einer Übung zur nächsten, achten Sie auf Ihre Atmung und versuchen Sie, eine nahtlose Verbindung zwischen den Bewegungen herzustellen. Sie können sich vorher eine Liste Ihrer Lieblingsübungen

zurechtlegen, oder die Bewegungen intuitiv ausführen. Die Wahl liegt ganz bei Ihnen.

- Führen Sie diese Praxis für 30 Minuten durch. Dies ist eine Zeit, in der Sie alles zusammenbringen, Ihre Fähigkeiten feiern und die körperliche Kraft und Beweglichkeit, die Sie entwickelt haben, würdigen.

Abend - Geistige Praxis: Abschluss-Meditation

Die Abschluss-Meditation soll eine Zeit der Reflexion und des Feierns sein.

- Setzen Sie sich bequem hin und schließen Sie die Augen.
- Rufen Sie in Ihrem Geist die Ereignisse der letzten 30 Tage ins Gedächtnis zurück. Denken Sie an die körperlichen Übungen, die geistigen Praktiken und die Reflexionen, die Sie gemacht haben.
- Lassen Sie ein Gefühl der Dankbarkeit für Ihre Hingabe und Ihren Fortschritt aufkommen. Feiern Sie den Meister, der Sie geworden sind, und die Reise, die Sie unternommen haben.
- Beenden Sie die Meditation mit einigen tiefen Atemzügen und öffnen Sie langsam die Augen.

Abendreflexion:
Heute ist ein Tag zum Feiern und zum Ausdruck von Dankbarkeit. Sie haben 30 Tage lang hart gearbeitet und sollten stolz auf das sein, was Sie erreicht haben.

- Wie haben Sie sich verändert?
- Was haben Sie gelernt?
- Was möchten Sie mitnehmen und weiter praktizieren?

Notieren Sie Ihre Gedanken und Beobachtungen in Ihrem Übungstagebuch. Und denken Sie daran: Dies ist nicht das Ende, sondern erst der Anfang Ihrer Reise als Shaolin-Krieger.

Mit Shaolin zu mehr Weisheit und Tiefe

Glückwunsch! Sie haben den Pfad der 30-Tage Shaolin Challenge beschritten und sind jetzt am Ende dieser einzigartigen Reise angekommen. Mit jedem Tag, mit jeder Übung haben Sie die Essenz der Shaolin-Prinzipien in sich aufgenommen. Durch Beharrlichkeit und Engagement haben Sie es geschafft, die geistige Stärke und körperliche Fähigkeiten eines Shaolin-Kriegers zu kultivieren.

Sie haben den Morgen mit den alten Künsten der Shaolin-Übungen begrüßt und Ihren Körper gestärkt, haben seine Bewegungen harmonisiert und seine Energien geweckt. Sie haben gelernt, wie Sie Ihre physische Kraft und Ausdauer verbessern können, und haben dabei zugleich die Finesse und Geschicklichkeit entwickelt, die einen wahren Krieger ausmachen.

Im Laufe des Buches haben Sie durch die täglichen philosophischen Leitsätze Weisheit und Tiefe erlangt. Sie haben gelernt, dass die Prinzipien des Shaolin weit über die körperliche Praxis hinausgehen. Es sind diese philosophischen Einsichten, die Sie dazu inspiriert haben, mit Entschlossenheit und Mut jede Herausforderung zu meistern.

Sie haben gelernt, wie Sie sich den wechselnden Winden des Lebens anpassen und dabei standhaft und unerschütterlich bleiben.

Jeder Abend war eine Zeit der Stille und Reflexion. Durch die geistige Praxis haben Sie gelernt, Ihren Geist zu beruhigen und Klarheit zu finden. Sie haben gelernt, achtsam zu sein, Ihre Gedanken zu beobachten, ohne sich von ihnen mitreißen zu lassen. Die Stärke eines Kriegers liegt nicht nur in seinen körperlichen Fähigkeiten, sondern auch in seiner mentalen Stärke. Jetzt, am Ende dieser Reise, stehen Sie nicht mehr am selben Ort. Sie sind gewachsen, haben gelernt und haben sich weiterentwickelt. Sie haben erfahren, was es heißt, ein Shaolin-Krieger zu sein: ein Meister des Körpers und des Geistes, ein Wächter von Weisheit und Stärke, ein Pfadfinder im Sturm des Lebens. Sie haben erfahren, was es heißt, jeden Tag mit Hingabe und Disziplin zu leben, in Harmonie mit der Natur und sich selbst. Die 30-Tage Shaolin Challenge mag zu Ende sein, aber Ihre Reise geht weiter. Denn die Prinzipien und Praktiken, die Sie gelernt haben, sind zeitlos. Sie sind Werkzeuge, die Ihnen dabei helfen können, die Herausforderungen des Alltags zu meistern und Ihr volles Potenzial zu entfalten.

Vergessen Sie nicht: Der Weg des Shaolin ist ein lebenslanger Prozess. Es ist ein Weg, der Mut, Entschlossenheit und ständige Übung erfordert. Doch Sie haben bereits bewiesen, dass Sie diese Eigenschaften besitzen. Sie haben die 30-Tage Challenge gemeistert. Sie sind ein Krieger. Und als Krieger wissen Sie, dass jeder neue Tag eine neue Herausforderung und eine neue Chance ist, sich selbst zu übertreffen.

Gehen Sie voran mit der Weisheit der Shaolin in Ihrem Herzen, der Kraft eines Kriegers in Ihrem Körper und dem Geist der Stille in Ihrem Bewusstsein. Leben Sie jeden Tag als eine Chance, die Fähigkeiten, die Sie erlernt haben, weiter zu stärken und zu verfeinern. Denn Sie sind jetzt nicht nur ein Teilnehmer an der 30-Tage Shaolin Challenge, sondern ein Träger der Shaolin-Tradition. Sie sind ein Shaolin-Krieger.

Quellen

- "Denken wie ein Shaolin: Die sieben Prinzipien emotionaler Selbstbestimmung" von Bernhard Moestl
- "Die Shaolin Mönche" von Shi Yongxin
- "Mehr Energie durch Shaolin-Qi Gong: Die Übungen der Mönche für Stressabbau und Leistungssteigerung" von Robert Egger
- "Shaolin Quan Kung Fu: Die Einheit von Körper und Geist" von Christian Kronmüller
- "The Essence of Shaolin White Crane--Martial Power and Qigong" von Jwing-Ming Yang
- "The Spiritual Legacy of Shaolin Temple: Buddhism, Daoism, and the Energetic Arts" von Andy James